De la 5e à la 4e
12-13 ans

Cahier de vacances
3 matières

Français
Laurence Mokrani

Maths
Jean-Dominique Picchiottino

Anglais
Louise Eisenstein

Histoire-Géographie, Éducation civique, SVT, Physique-Chimie, Technologie, Histoire des arts
Nadine Daboval, Patrick Rasset

Illustrations
Wopah

MAGNARD

Mode d'emploi

Ce cahier de vacances vous propose de réviser **l'intégralité du programme** pour aborder au mieux la rentrée.
Vous y trouverez :

- les **3 matières principales : Français**, **Mathématiques** et **Anglais**, facilement repérables grâce à de vrais onglets ;
- mais aussi, **l'essentiel de toutes les autres disciplines** de l'année.

Il vous promet des découvertes nombreuses et variées, des moments ludiques, des infos inédites et... des vacances sans nuage !

- Pour chaque matière, les doubles pages thématiques vous invitent à découvrir différents univers, dans lesquels vous trouverez de nombreux **exercices** sur **toutes les notions du programme** et des **jeux variés**.

- Des encadrés **BON À SAVOIR** et **Incroyable mais vrai !** ponctuent toutes ces pages. Le premier vous aidera à mémoriser les règles grâce à une astuce ; le second vous délivrera une anecdote amusante sur le thème abordé.

- Tous les **corrigés détachables** se trouvent au centre du cahier.

- À la fin de chacune des matières, vous trouverez un **Docu-malin** pour étoffer votre culture générale et un **Quiz-bilan** pour vous auto-évaluer.

- Pour finir vos révisions dans la bonne humeur, le **Quiz-bilan toutes matières** vous propose des questions sur l'ensemble des disciplines de l'année pour aborder la rentrée scolaire en toute sérénité !

Bonnes vacances et bonnes révisions !

Sommaire

Français

Maths

Anglais

Quiz-bilan toutes matières

AU MENU :

Sur une île déserte (1)

→ Les accords dans le groupe nominal
→ L'accord sujet/verbe

Lorsque Robinson reprit connaissance, il était couché, la figure dans le sable. Une vague déferla sur la grève[1] mouillée et vint lui lécher les pieds. Il se laissa rouler sur le dos. Des mouettes noires et blanches tournoyaient dans le ciel redevenu bleu après la tempête. Robinson s'assit avec effort et ressentit une vive douleur à l'épaule gauche. La plage était jonchée de poissons morts, de coquillages brisés et d'algues noires rejetées par les flots. […]
Robinson se leva et fit quelques pas. Il n'était pas blessé mais son épaule contusionnée continuait à lui faire mal. Comme le soleil commençait à le brûler, il se fit une sorte de bonnet en roulant de grandes feuilles qui croissaient au bord du rivage. Puis il ramassa une branche pour s'en faire une canne et s'enfonça dans la forêt.

***Vendredi ou la Vie sauvage*, Michel Tournier, © Éditions Gallimard, 1971.**

1. La plage.

1 Relève dans le texte les groupes nominaux correspondant aux définitions suivantes.

a. Article indéfini singulier + nom commun : ....

b. Article indéfini pluriel + nom commun : ....

c. Article défini singulier + nom commun : ....

d. Article contracté singulier + nom commun : ....

e. Adjectif possessif singulier + nom commun : ....

2 Quels déterminants définis devrait-on employer avec les noms suivants du texte pour indiquer leur genre et leur nombre ?

a. .... connaissance **b.** .... effort **c.** .... mal.

3 Accorde correctement les adjectifs entre parenthèses.

Comme les vacances sont (agréable) .... ! On peut faire la (gras) .... matinée, et prendre de (copieux) .... petits déjeuners. Le ciel est souvent (bleu) ...., la mer est toujours (beau) .... et le soleil brille. On part alors pour de (long) .... balades, on entreprend d'(interminable) .... parties de ballon. Ou alors, on imagine qu'on est Robinson sur une île (désert) .... mangeant des fruits (sauvage) .... aux côtés d'animaux (apprivoisé) ....

4 Complète le tableau en indiquant le sujet des verbes du texte.

Sujet	Verbe
a.	reprit connaissance
b.	déferla
c.	tournoyaient
d.	s'assit
e.	se leva
f.	continuait
g.	commençait
h.	ramassa
i.	s'enfonça

5 Relie les sujets aux adjectifs et aux verbes pour former une phrase.

A. Les mouettes	1. abandonné	a. illumine la plage.
B. La vague	2. brûlant	b. tournent dans le ciel.
C. Robinson	3. brisés	c. découvre la solitude.
D. Le soleil	4. blanches	d. déferle sur le sable.
E. Les coquillages	5. déchaînée	e. jonchent le sol.

JEU

Quels fruits peux-tu prendre ?

Tu ne peux acheter que des fruits dont le nom comporte six lettres, avec au moins une fois la lettre A. Entoure ceux que tu peux prendre.

papaye, carambole, kaki, rambutan, coco, kumquat, datte, grenade, mangue, nashi, banane, litchi, ananas, kiwi, jujube, goyave

Incroyable mais vrai !

L'histoire de Robinson est l'histoire vraie d'un marin, Alexander Selkirk, qui est resté plus de quatre ans sur une île déserte, suite à une mutinerie. Recueilli par un navire de passage, il a raconté ses aventures qui ont été relatées dans le célèbre livre de Daniel Defoe, *Robinson Crusoé*, paru en 1719.

Français

AU MENU :

→ Les temps du récit au passé

→ L'imparfait et le passé simple

Sur une île déserte (2)

1 **Relève dans le texte tous les verbes conjugués au passé simple dont le sujet est Robinson.**

reprit connaissance ; ....

....

....

....

2 **À quel temps sont conjugués les verbes soulignés ?**

Les mouettes tournoyaient ; la plage était jonchée de poissons morts ; le soleil commençait à le brûler ; les feuilles croissaient au bord du rivage.

....

JEU

Remplis cette grille de mots croisés.

Horizontalement :

1. Navire utilisant la force du vent.
2. Participe passé du verbe « rire ».
3. Étendue de sable en bord de mer.
4. On aime quand il brille dans le ciel.

Verticalement :

5. Elle déferle sur la grève.
6. Robinson en a trouvé une déserte.
7. Elle entoure les îles et les continents.
8. Bande de terre qui borde une mer.

BON À SAVOIR

Pour savoir si je dois employer l'imparfait ou le passé simple, je me dis :
- **« Autrefois… pendant ce temps-là… » et je conjugue à l'imparfait ;**
- **« Autrefois … alors/soudain… » et je conjugue au passé simple.**

3 Récris les phrases ci-dessous en remplaçant Robinson (ou il) par les explorateurs (ou ils).

Robinson progressa dans la forêt et escalada quelques rochers. Il entreprit de grimper jusqu'au sommet de l'île. En chemin, il découvrit un ananas sauvage qu'il découpa et dégusta à l'ombre d'un palmier. Robinson finit son exploration vers midi : il s'assit et admira le paysage devant lui.

....

....

....

....

....

4 Complète le texte suivant en employant les verbes proposés : conjugue-les au passé simple ou à l'imparfait.

Le naufragé (commencer) .... la construction de sa cabane : il (couper) .... les troncs de quelques palmiers qui (pousser) .... non loin de là, puis les (assembler) .... avec des cordes. Il (recouvrir) .... ensuite l'ensemble avec des feuillages, et (disposer) .... à l'intérieur les objets qui (se trouver) .... sur la plage après le naufrage. Il (être) .... fier de son travail et (décider) .... de se reposer.

5 Vrai ou faux ? Indique si les formes verbales suivantes sont correctes ou non puis récris celles qui sont fausses.

Verbe	Forme au passé simple	Vrai	Faux
s'asseoir	Il s'asseya		
courir	Ils coururent		
vendre	Elle vendit		
apercevoir	On apercevit		
revenir	Elles revenirent		

Français

AU MENU :

- Le complément d'objet direct
- Le complément d'objet indirect
- Les compléments circonstanciels

Un animal extraordinaire (1)

Le chevalier Yvain cheminait dans une profonde forêt quand il entendit un cri de douleur. Il s'avança et vit un lion, prisonnier d'un dragon qui le serrait dans sa queue et le brûlait avec les flammes qui sortaient de sa gueule. Se protégeant avec son bouclier, il attaqua la bête venimeuse et délivra le lion. Yvain pensait que le fauve allait l'attaquer. Mais, au contraire, le lion se mit à ramper doucement devant lui, inclinant la tête et versant des larmes de reconnaissance. Yvain comprit que le lion le remerciait de l'avoir sauvé. Il essuya donc son épée et la remit dans son fourreau, puis il continua son chemin. Le lion se mit alors à le suivre, montrant ainsi que jamais il ne le quitterait. À partir de ce jour, ils furent inséparables et on appela Yvain « le Chevalier au lion ».

1 Tous les verbes du tableau indiquent les actions accomplies par Yvain. Retrouve les compléments d'objet directs de ces verbes.

Sujet	verbes	COD
Yvain	**a.** cheminait	
	b. entendit	
	c. s'avança	
	d. vit	
	e. attaqua	
	f. délivra	
	g. essuya	
	h. continua	

2 Deux verbes n'ont pas de COD. Comment les appelle-t-on ?

On les appelle des verbes ....

3 À partir de la phrase suivante, relie chaque groupe de mots à la fonction qui lui correspond.

Le lion le remerciait de l'avoir sauvé.

1. Le lion ● ● **a.** verbe
2. le ● ● **b.** sujet du verbe
3. remerciait ● ● **c.** COD du verbe
4. de l'avoir sauvé ● ● **d.** COI du verbe

BON À SAVOIR

Les verbes transitifs peuvent avoir un COD ou un COI. Les verbes intransitifs ne peuvent pas en avoir.
Pour trouver le COD, tu poses la question « qui ? » ou « quoi ? » après le verbe conjugué.
Pour trouver le COI, tu poses la question « de qui ? »/« à qui ? » ou « de quoi ? »/« à quoi ? » après le verbe conjugué.

4 Retrouve, dans le texte, un exemple pour chaque complément circonstanciel.

a. Complément circonstanciel de lieu : ....

b. Complément circonstanciel de manière : ....

c. Complément circonstanciel de moyen : ....

d. Complément circonstanciel de temps : ....

JEU

Toutes les lettres ont été mélangées ! Remets-les à leur place afin de reconstituer la phrase.

N S U
E Y N E U N
I V C H E V O
R E I V I

L							A	L							A			
A			A								L							

5 Complète le texte suivant à l'aide de compléments circonstanciels de ton choix.

J'aimerais (CC de manière) .... avoir un lion comme ami ! J'irais me promener avec lui (CC de lieu) ...., je lui donnerais (CC de temps) .... de quoi manger, et il me défendrait (CC de manière) .... Nous pourrions aller (CC de lieu) .... et je n'aurais pas peur de sortir (CC de temps) .... (CC de moyen) ...., le lion me protégerait, et on m'appellerait « le nouveau Chevalier au lion ».

Incroyable mais vrai !

L'histoire du Chevalier au lion date du Moyen Âge. Mais le livre moderne très célèbre de Joseph Kessel, *Le Lion*, raconte aussi une amitié entre un lion et un être humain.

AU MENU :

- L'adjectif qualificatif épithète
- Le complément du nom
- La proposition subordonnée relative

Un animal extraordinaire (2)

1 **Dans le texte page 8, relève les adjectifs qualificatifs qui accompagnent les mots suivants.**

a. une forêt .... **b.** la bête ....

2 **Indique la fonction des mots soulignés et la nature des mots encadrés.**

Un cri de <u>douleur</u> ; des larmes de <u>reconnaissance</u>.

a. Les mots soulignés sont des ....

b. Le mots encadrés sont des ....

3 **Relis le texte page 8 et indique l'antécédent des propositions subordonnées relatives suivantes.** (Rappel : l'antécédent est le groupe nominal placé avant et complété par la proposition subordonnée relative.)

a. .... <u>qui le serrait dans sa queue</u>.

b. .... <u>qui sortaient de sa gueule</u>.

JEU

Complète cette grille de mots croisés.

Horizontalement :

1. Ce que crache le dragon.

2. Titre porté par Yvain.

3. Animal sauvé par Yvain.

4. Action de jeter à terre et vaincre son adversaire.

Verticalement :

5. Synonyme de « lutte ».

6. C'est l'arme principale du chevalier.

7. Monstre légendaire qui crache du feu.

8. Grande étendue de terrain couverte d'arbres.

BON À SAVOIR

Les adjectifs qualificatifs, les compléments du nom et les propositions subordonnées relatives sont des expansions du nom : ils donnent des précisions sur le nom.

4 Retrouve les compléments du nom dans le texte suivant et indique les noms ou les groupes nominaux qu'ils complètent.

Poussant un cri de rage, l'animal furieux s'effondra sur le sol de la forêt. Des flots de sang jaillirent. Le monstre cessa de vivre, vaincu par le courage du chevalier. La terreur des villageois avait enfin disparu.

a. ...., complément du nom ....

b. ...., complément du nom ....

c. ...., complément du nom ....

d. ...., complément du nom ....

e. ...., complément du nom ....

5 Remplace l'adjectif qualificatif par une proposition subordonnée relative de même sens.

a. Un dragon cruel → un dragon qui ....

b. Un chevalier vainqueur → un chevalier qui ....

c. Un lion reconnaissant → un lion qui ....

6 Quel adjectif qualificatif correspond aux définitions suivantes ? Remplace chaque proposition subordonnée relative soulignée par un adjectif.

a. Une forêt <u>où la lumière a du mal à pénétrer</u> → ....

b. Un combat <u>qui fait couler beaucoup de sang</u> → ....

c. Un chevalier <u>que tout le monde admire</u> → ....

Incroyable mais vrai !

Les dragons cracheurs de feu sont des animaux fantastiques qui n'existent que dans les légendes. Mais on peut trouver de véritables dragons, sortes de varans ou gros lézards, dans une île d'Indonésie. Ce sont les dragons de Komodo.

AU MENU :

- Phrase simple
- Phrase complexe
- Proposition principale et proposition subordonnée

Un amour de vacances (1)

Tous les ans, je l'attends avec impatience. Lorsque les vacances commencent, début juillet, je suis le premier à la voir car je sais qu'elle va arriver, et je me suis placé de bonne heure près de la porte d'entrée. Dès qu'elle m'aperçoit, elle se met à courir : « Mon chéri, comme tu m'as manqué ! » Elle me prend alors dans ses bras, me serre, m'embrasse à n'en plus finir, et me jure que nous allons passer les meilleurs moments du monde… Plus rien ne compte que notre amour, le temps s'arrête. Puis elle entre dans la maison, pose son sac près de l'escalier et jette un coup d'œil circulaire pour s'assurer que tout est à sa place. Pendant ce temps-là, je reste auprès d'elle, fou de joie… Tandis que sa grand-mère prépare le repas, nous sortons nous promener. Les gens qui sont dans la rue nous regardent avec gentillesse et certains disent en nous voyant : « Voyez comme la petite est heureuse de retrouver son chien ! »

1 Explique pourquoi la première phrase du texte est une phrase simple, puis trouve dans le texte deux autres phrases simples.

C'est une phrase simple car ……………………………………………

Les autres phrases simples sont : ……………………………………………

……………………………………………

2 La seconde phrase est formée de cinq propositions. Recopie-les et encadre les verbes conjugués.

a. ……………………………………………

b. je suis le premier à la voir

c. ……………………………………………

d. ……………………………………………

e. ……………………………………………

JEU

Qui se cache derrière cette devinette ?

Avec les lettres de mon nom, je peux écrire le nom de ma maison.
Qui suis-je ?

……………………………………………

BON À SAVOIR

Dans une phrase complexe, il y a une proposition principale et une ou plusieurs propositions subordonnées. C'est la proposition principale qui est le « chef » de la phrase, les autres propositions ne peuvent pas fonctionner sans elle.

3 Dans le texte, quelle est la nature des propositions suivantes ? Coche la bonne réponse.

	Proposition principale	Proposition subordonnée
a. Dès qu'elle m'aperçoit	☐	☐
b. Elle se met à courir	☐	☐
c. Tandis que sa grand-mère prépare le repas	☐	☐
d. Nous sortons nous promener	☐	☐

4 Coche la bonne case.

a. Les gens qui sont dans la rue nous regardent avec gentillesse.

La proposition soulignée est une proposition subordonnée :

conjonctive ☐ relative ☐

b. Tandis que sa grand-mère prépare le repas, nous sortons nous promener.

La proposition soulignée est une proposition subordonnée :

conjonctive ☐ relative ☐

5 Remets les propositions dans l'ordre en les numérotant pour former un texte cohérent.

.... Un jour, mon voisin m'a donné deux petits chats
.... que je voulais m'en occuper
.... qui sont si jolis et attendrissants !
.... Dès que je les ai vus,
.... et elle m'a fait confiance.
.... j'ai adoré ces petites boules de poils.
.... qui étaient abandonnés par leur mère.
.... car ils ne voulaient pas d'animaux à la maison.
.... Maintenant, toute ma famille a adopté ces chatons
.... J'ai expliqué à ma mère
.... Mes parents n'étaient pas contents

Incroyable mais vrai !

Les animaux domestiques sont très attachés à leur maître. Grâce à leur flair et à leur sens de l'orientation, ils peuvent parcourir des distances extraordinaires, plusieurs centaines de kilomètres parfois, pour retrouver leur maître !

AU MENU :

- Conjonctions
- Connecteurs temporels et spatiaux
- Liens logiques

Un amour de vacances (2)

1 **Entoure les mots montrant que les trois actions suivantes se succèdent et complète la dernière phrase avec un mot permettant de situer la dernière action dans le temps.**

Elle se met à courir ; elle me prend alors dans ses bras ; puis elle entre dans la maison. Nous sortons .... nous promener.

2 **Dans les phrases suivantes, souligne le connecteur temporel qui indique la simultanéité (deux actions qui se produisent en même temps).**

Exemple : Dès qu'elle m'aperçoit, elle se met à courir.

a. Elle jette un coup d'œil circulaire ; pendant ce temps-là, je reste auprès d'elle.

b. Tandis que sa grand-mère prépare le repas, nous sortons nous promener.

3 **Relève tous les mots ou expressions qui indiquent où se déroulent les actions.**

Actions	Connecteurs spatiaux
a.	Près de la porte d'entrée
b. Elle entre	
c.	
d.	
e.	

4 **Complète le texte en utilisant les connecteurs temporels et spatiaux suivants.**

d'abord – ensuite – alors – enfin – au loin – devant la maison – sur le pas de la porte

Il aperçut .... un animal qu'il ne reconnut pas. Il lui sembla .... que c'était un renard. .... en s'approchant, il distingua mieux la bête qui se tenait .... Il accéléra .... le pas et identifia .... le gros chat qui miaulait ....

BON À SAVOIR

Les mots de liaison sont des sortes de « charnières » qui permettent d'articuler différentes parties d'un texte et de comprendre la progression des actions dans le temps et l'espace, ainsi que la logique d'un raisonnement.

5 Les conjonctions

1. **Retrouve le mot du texte page 12 qui indique un rapport de cause entre les actions suivantes.**

Je suis le premier à la voir .... je sais qu'elle va arriver.

2. **Quelle autre expression de même sens pourrait-on employer ?**

On pourrait employer la conjonction ....

3. **Dans quel but la jeune fille jette-t-elle un regard circulaire ?**

Elle jette un coup d'œil circulaire ....

4. **Quelle autre expression de même sens pourrait-on employer ?**

On pourrait employer la conjonction ....

JEU

Sauras-tu trouver la réponse à cette charade ?

Mon premier est une conjonction indiquant l'hypothèse ou la condition.
Mon deuxième est une préposition indiquant le lieu ou l'appartenance.
Mon troisième est une façon courante de parler de soi-même.
Mon tout est le nom d'une race de chat.

....

Incroyable mais vrai !

Le plus gros chien du monde pèse 135 kilos ! C'est un saint-bernard. Le plus grand chien du monde, un danois, mesure 107 centimètres à l'épaule. Le chat le plus vieux a 27 ans, ce qui correspond à 127 ans environ pour un homme ! Tous ces records ont été homologués dans le Livre Guiness.

Français

AU MENU :

→ Les types de phrases

→ Formes affirmative et négative

Un étrange phénomène (1)

Avez-vous quelquefois observé le soleil qui se couche sur un horizon de mer ? Oui, sans doute ! L'avez-vous suivi jusqu'au moment où, la partie supérieure de son disque effleurant la ligne d'eau, il va disparaître ? C'est très probable. Mais avez-vous remarqué le phénomène qui se produit à l'instant précis où l'astre radieux lance son dernier rayon, si le ciel, dégagé de brumes, est alors d'une pureté parfaite ? Non, peut-être. Eh bien, la première fois que vous trouverez l'occasion – elle se présente très rarement – de faire cette observation, ce ne sera pas, comme on pourrait le croire, un rayon rouge qui viendra frapper la rétine de votre œil, ce sera un rayon « vert », mais d'un vert merveilleux, d'un vert qu'aucun peintre ne peut obtenir sur sa palette, d'un vert dont la nature, ni dans la teinte si variée des végétaux, ni dans la couleur des mers les plus limpides, n'a jamais reproduit la nuance ! S'il y a du vert dans le Paradis, ce ne peut être que ce vert-là, qui est, sans doute, le vrai vert de l'Espérance !

Jules Verne, *Le Rayon vert*, 1882.

1 Indique le type des phrases suivantes.

	Phrase déclarative	Phrase interrogative	Phrase impérative
a. Avez-vous observé le soleil couchant ?	☐	☐	☐
b. Observez le soleil lorsqu'il disparaît à l'horizon.	☐	☐	☐
c. Un rayon vert viendra frapper la rétine de votre œil.	☐	☐	☐

2 Transforme les phrases en suivant les consignes.

a. Observez le soleil.

phrase déclarative : ....

b. Observez le soleil.

phrase interrogative : ....

c. C'est un rayon vert.

phrase interrogative : ....

d. Le soleil disparaît à l'horizon.

phrase interrogative : ....

e. Nous attendons l'occasion d'apercevoir le rayon vert.

phrase impérative : ....

JEU

Replace les mots verticalement aux bons endroits pour retrouver ceux de la colonne grisée.

éclair – horizon – rocher – rivage – bateau – océan – onde – nuage – mer

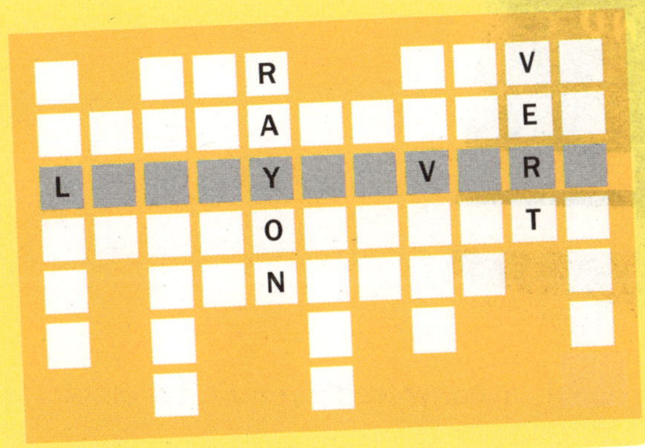

3 Indique si les phrases sont affirmatives ou négatives.

	Forme affirmative	Forme négative
a. L'occasion de voir le rayon vert se présente rarement.	☐	☐
b. Aucun peintre ne peut obtenir ce vert sur sa palette.	☐	☐
c. C'est le vert de l'Espérance.	☐	☐
d. Le vert du Paradis ne peut être que ce vert-là.	☐	☐

4 Complète le texte suivant à l'aide des locutions conjonctives ne... pas, ne... point, ne... plus, ne... guère, ne... jamais, pour former des phrases négatives.

Il .... faut .... désespérer de voir le rayon vert. Il .... suffit .... de se placer face à l'horizon et d'attendre. Les conditions qui permettent d'observer ce phénomène .... sont .... fréquentes, car il .... faut .... de nuages ni d'obstacles.

Mais on aperçoit souvent le rayon vert alors qu'on .... croyait .... la chose possible !

5 À l'aide des groupes de mots suivants, reforme des phrases ayant le type et la forme indiqués (chaque phrase contient trois segments).

N'as-tu pas envie   *de Jules Verne !*   *ce phénomène ?*   *Tu*   *le rayon vert.*
de découvrir   *Lis*   *ne connais pas*   *le roman*

a. Phrase déclarative négative : ....

b. Phrase interrogative négative : ....

c. Phrase impérative affirmative : ....

Incroyable mais vrai !

Le rayon vert est un phénomène optique réel très rare, qui a été observé scientifiquement. Une légende dit que celui qui l'aperçoit peut ensuite lire dans le cœur de la personne qu'il aime... et connaître ses pensées !

Français

AU MENU :
- Les synonymes
- Les antonymes
- Les homonymes

Un étrange phénomène (2)

1 **Quels synonymes l'auteur a-t-il employés dans le texte pour les mots suivants ?**

a. le soleil : ....

b. l'horizon : ....

JEU

Remets les lettres dans l'ordre pour compléter la phrase.

QVLNICRLSDIRSTXORCNUS

		E			E				A		A			E		

E				A						A			E		!

2 **Indique, pour chacun des mots suivants, un synonyme possible.** Attention ! les mots doivent être de même nature : un nom = un nom ; un adjectif = un adjectif, etc.

Mots du texte	Synonymes possibles
a. observer	
b. sans doute	
c. le phénomène	
d. (faire) une observation	

3 **Quels sont les antonymes des mots suivants ?**

Mots du texte	Antonymes
a. se coucher	
b. suivre	
c. supérieure	
d. disparaître	
e. précis	
f. dernier	
g. parfaite	
h. première	
i. variée	
j. limpide	

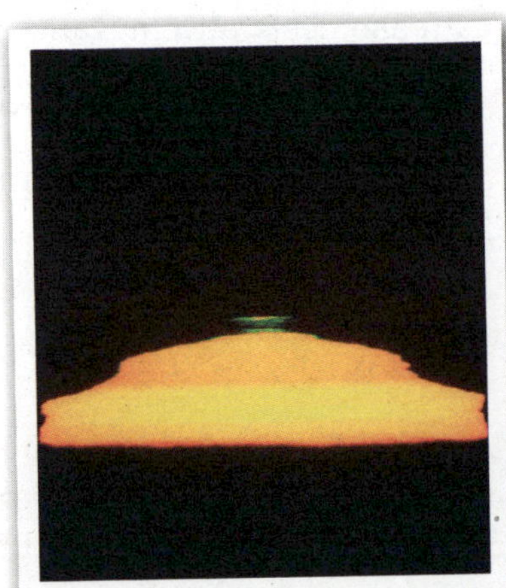

BON À SAVOIR

Les synonymes sont très utiles pour éviter les répétitions dans une rédaction. Cependant, on trouve rarement deux mots qui ont exactement le même sens ; les synonymes permettent donc d'apporter des nuances, des subtilités au texte que l'on écrit.

4 Retrouve l'antonyme qui correspond à chaque mot de la première colonne.

1. grand •	• a. au crépuscule
2. multicolore •	• b. souvent
3. magnifique •	• c. partir
4. tard •	• d. vaguement
5. à l'aube •	• e. petit
6. précisément •	• f. tôt
7. arriver •	• g. horrible
8. rarement •	• h. uni

5 Certains mots du texte pourraient avoir un sens très différent dans un autre contexte. Donne un exemple pour chacun des mots suivants, comme indiqué ci-dessous.

Exemple : Le disque (du soleil) ≠ un disque musical, par exemple un CD.

a. Le rayon (du soleil) ≠ ....

b. L'occasion (la possibilité) ≠ ....

c. La palette (des couleurs) ≠ ....

6 Replace les homonymes suivants dans le texte.

très/trait – sans/sang – sens/s'en – mer/maire/mère – vert/vers/verre

Il a marché .... faire attention sur un bout de .... et s'est coupé. Affolé par la vue du ...., il s'est dirigé .... la .... et a trempé son pied. L'eau salée lui a fait .... mal et il est reparti d'un .... dans l'autre .... Sa .... s'est plainte au .... car la plage était dangereuse. Le drapeau .... pour la baignade ne suffit pas. Les dangers du sable, il faut aussi .... méfier !

Incroyable mais vrai !

Les vacances datent de 1936 : c'étaient les premiers « congés payés ». Auparavant, les gens travaillaient toute l'année sans prendre de vacances, souvent même le dimanche qui est devenu officiellement jour de repos en 1906 seulement !

Docu-malin

Un auteur célèbre : Jules Verne

Né le 8 février 1828 à Nantes et mort le 24 mars 1905 à Amiens, Jules Verne fut un étonnant précurseur du monde moderne.

Fasciné par le progrès

Il vivait à l'époque des grandes découvertes technologiques. Fasciné par les nouvelles inventions, il pouvait rester des heures à observer le fonctionnement d'une machine. Il dit lui-même, dans ses *Souvenirs d'enfance et de jeunesse* : « J'ai vu naître les allumettes phosphoriques, les omnibus, les chemins de fer, les tramways, le gaz, l'électricité, le télégraphe, le téléphone, le phonographe. » Il adorait le progrès et les nouvelles technologies, voulait éveiller la curiosité des lecteurs, leur donner le goût d'inventer et l'esprit d'initiative.

Des chiffres et des lettres

Jules Verne a commencé à écrire à l'âge de 12 ans. Il a produit, entre autres, plus de 80 romans, une douzaine de pièces de théâtre, 184 poésies et chansons ainsi qu'une abondante correspondance, avec son éditeur notamment… Connu dans le monde entier, c'est l'auteur le plus traduit après Agatha Christie !

Anecdote

Jules Verne a été attiré très tôt par les voyages : on raconte qu'à l'âge de 11 ans, il s'est embarqué comme mousse sur un navire qui partait pour l'Inde. Le jeune garçon a été vite rattrapé par son père, qui l'a sévèrement grondé. Alors, Jules Verne a promis qu'il ferait de grands voyages… en rêve ! Il a commencé à écrire à ce moment-là, à l'âge de 12 ans. Ses récits ont montré les richesses de son imagination, mais aussi sa grande capacité de travail : documentation, lectures, prise de notes, il ne laissait rien au hasard !

Un écrivain pour la « jeunesse »

Jules Verne travaille pendant quarante ans à ses « Voyages extraordinaires » : ce sont des récits d'aventure qui paraissent d'abord dans *Le Magasin d'éducation et de récréation*, un journal destiné à la jeunesse. L'objectif ? Donner aux jeunes un « réservoir » permettant de s'évader, d'oublier le collège, d'apprendre en s'amusant ! Le premier récit est *Cinq Semaines en ballon*, paru en 1863.

Le père de la science-fiction

Jules Verne a imaginé des expériences, des voyages, des moyens de transport qui semblaient totalement irréels à son époque et qui, pourtant, ont existé ensuite ! Dans *Vingt Mille Lieues sous les mers*, en 1869, il imagine un sous-marin gigantesque, doté de moyens comparables à ceux de nos sous-marins nucléaires. Dans *Robur le Conquérant*, en 1886, il décrit un appareil « plus lourd que l'air », capable cependant de se déplacer dans l'espace. C'est l'ancêtre de nos avions modernes. Faire le tour du monde en 80 jours ? À notre époque, c'est largement possible. Mais, en 1873, cela paraissait irréaliste : notre planète mesure 40 000 km de circonférence ! Pourtant, les héros de son célèbre roman y parviennent. Dans *De la Terre à la Lune*, en 1865, Jules Verne a imaginé un voyage vers la Lune, plus d'un siècle avant que l'homme ne puisse effectivement poser le pied sur le satellite de la Terre. Pourtant, ce voyage ressemble étrangement à ce qui s'est réellement passé en 1969.

Trophée Jules Verne

En hommage à ce grand écrivain, on attribue le trophée Jules Verne au navigateur qui fait le tour du monde à la voile, sans escale et sans assistance, en battant le record de vitesse précédent. La première fois, il s'agissait de faire le tour du monde en « moins de quatre-vingts jours », pour être plus rapide que les héros du célèbre roman *Le Tour du monde en quatre-vingts jours*. Le 20 avril 1993, Bruno Peyron, à la tête de son équipage, a bouclé le premier tour du monde en 79 jours, 6 heures, 15 minutes et 56 secondes, devenant ainsi le premier détenteur du trophée Jules Verne.

Les merveilles de la géographie

Les romans de Jules Verne sont des « voyages extraordinaires ». Les aventures des héros se déroulent dans le cadre de pays nouvellement découverts ou explorés.
Les phénomènes physiques, comme les volcans, les geysers ou le « rayon vert », sont minutieusement décrits, permettant aux lecteurs d'apprendre tout en se distrayant.

Quiz-bilan

Pour s'évaluer !

Ce mini-quiz va t'aider à vérifier que tu as bien intégré les notions de français du programme de 5e. Réponds aux questions, puis compte le nombre de réponses correctes que tu as trouvées. La fourchette donnée page ci-contre t'aidera à te situer dans tes acquis.

1 Les antonymes sont des mots :

a. ☐ qui veulent dire la même chose.
b. ☐ qui s'écrivent de la même façon.
c. ☐ qui sont de sens contraire.

2 À quoi sert un complément du nom ?

a. ☐ à compléter un verbe.
b. ☐ à compléter un adjectif.
c. ☐ à compléter un nom.

3 Quelle est la proposition la plus importante dans une phrase complexe ?

a. ☐ C'est la proposition principale.
b. ☐ C'est la proposition subordonnée.
c. ☐ C'est la proposition complétive.

4 À quelle époque Jules Verne a-t-il vécu ?

a. ☐ au XVIIe siècle.
b. ☐ au XXe siècle.
c. ☐ au XIXe siècle.

5 Avec quoi l'adjectif qualificatif s'accorde-t-il ?

a. ☐ Avec le verbe conjugué.
b. ☐ Avec le nom auquel il se rapporte.
c. ☐ Avec le complément circonstanciel.

6 À quoi reconnaît-on qu'une phrase est complexe ?

a. ☐ Elle n'a qu'un verbe conjugué.
b. ☐ Elle n'a pas de verbe conjugué.
c. ☐ Elle a plusieurs verbes conjugués.

7 À quoi sert un complément circonstanciel ?

a. ☐ Il donne des précisions sur l'action indiquée par le verbe.
b. ☐ Il augmente la taille de la phrase.
c. ☐ Il indique le sujet du verbe.

8 Dans quel but utilise-t-on un verbe à l'impératif ?

a. ☐ Pour décrire un paysage.
b. ☐ Pour donner un ordre ou un conseil.
c. ☐ Pour raconter une histoire au passé.

9 Qu'appelle-t-on des homonymes ?

a. ☐ Des mots qui ont le même sens.
b. ☐ Des mots qui s'écrivent ou se prononcent de la même façon.
c. ☐ Des mots qui ont le même nombre de lettres.

10 Comment appelle-t-on une phrase dont le verbe est accompagné de la locution « ne... pas » ou « ne... jamais » ?

a. ☐ Une phrase interrogative.
b. ☐ Une phrase affirmative.
c. ☐ Une phrase négative

11 Les conjonctions « parce que » ou « puisque » indiquent :

a. ☐ le temps.
b. ☐ la cause.
c. ☐ la conséquence.

12 Quelle est la fonction de la proposition subordonnée relative ?

a. ☐ Elle est complément de l'antécédent.
b. ☐ Elle est sujet du verbe de la proposition principale.
c. ☐ Elle est COD du verbe de la proposition principale.

13 **Une seule de ces phrases est correcte. Laquelle ?**

a. ☐ Les enfants apercevirent le rayon vert.
b. ☐ Les enfants aperçurent le rayon vert.
c. ☐ Les enfant apperçurent le rayon vert.

14 **Quel est l'intrus parmi les mots suivants ?**

a. ☐ terrier
b. ☐ terrasse
c. ☐ terreur

15 **On parle de simultanéité lorsque :**

a. ☐ deux actions se produisent en même temps.
b. ☐ une action de produit avant une autre.
c. ☐ une action se produit après une autre.

16 **Pour encadrer des paroles rapportées dans un récit, on emploie :**

a. ☐ des apostrophes.
b. ☐ des astérisques.
c. ☐ des guillemets.

17 **Comment doit-on écrire la phrase ?**

a. ☐ Ce sont eux qui arrivent.
b. ☐ Ceux sont eux qui arrive.
c. ☐ Se sont eux qui arrivent.

18 **Quelle est la forme du verbe « dire » à la 2e personne du singulier du présent de l'indicatif ?**

a. ☐ Vous disez.
b. ☐ Vous dîtes.
c. ☐ Vous dites.

19 **Un omnivore est quelqu'un :**

a. ☐ qui mange seulement de la viande.
b. ☐ qui mange souvent des œufs.
c. ☐ qui mange de tout.

20 **Qu'appelle-t-on un champ lexical ?**

a. ☐ Les mots qui évoquent la campagne et les champs.
b. ☐ L'ensemble des mots, dans un texte, qui évoquent le même sujet.
c. ☐ Les mots de la même famille.

21 **« À », « de », « par », « pour », « sans », « avec »... sont des :**

a. ☐ propositions.
b. ☐ prépositions.
c. ☐ suppositions.

22 **Étudier la formation d'un mot, c'est retrouver :**

a. ☐ son radical, son préfixe et son suffixe.
b. ☐ son évolution au cours des siècles.
c. ☐ son pays d'origine.

> *corrigés page V*

RÉSULTATS

➜ **Si tu as entre 16 et 22 :**
Bravo ! Tu es prêt(e) pour la 4e.

➜ **Si tu as entre 8 et 16 :**
Il faut que tu révises quelques notions ! Refais les exercices sur lesquels tu as rencontré le plus de difficultés.

➜ **Si tu as entre 0 et 8 :**
Attention ! Il faut revoir le programme ! Reprends les exercices, lis attentivement les corrigés et essaie de les refaire et de trouver la solution par toi-même.

Maths

AU MENU :
- Les volumes, les prismes
- Proportionnalité
- Gestion de données, nombres relatifs

La ruée vers l'or (1)

1 Le petit Crésus fait un peu de rangement dans son coffre à jouets qui comporte des objets en or, bien sûr. Coche ceux qui sont des prismes droits.

a. une tête de marteau
☐

b. un lingot
☐

c. un objet en forme de tente
☐

d. une boîte à comprimés
☐

e. la lettre C (Crésus est un peu mégalo)
☐

f. la lettre L (c'est l'initiale de son pays)
☐

2 Un centimètre cube d'or pur pèse environ 19,3 grammes (on dit aussi que la densité de l'or pur est d'environ 19,3). Complète le tableau suivant.

Or pur				
Volume (en cm^3)	6	81		
Masse (en g)			193	96,5

3 Combien de grammes d'or ces bijoux contiennent-ils ? Fais les calculs sur une feuille séparée puis relie les bijoux aux masses d'or qu'ils contiennent.

a.
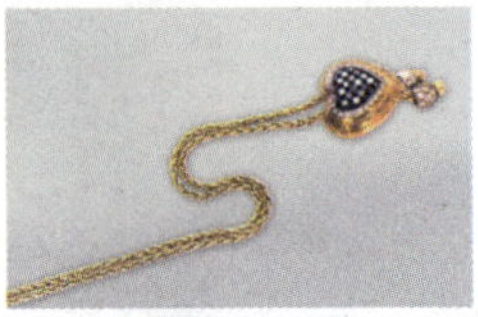
masse : 15 g
teneur en or : 18 carats

b.

masse : 42 g
teneur en or : 20 carats

c.

masse : 24 g
teneur en or : 15 carats

d.

masse : 35 g
teneur en or : 12 carats

Masse d'or : 14,4 g • 11,25 g • 35 g • 17,5 g

BON À SAVOIR

Les bijoux en or sont souvent composés d'or, bien sûr, mais aussi d'autres métaux, comme l'argent (or gris) et le cuivre (or rose). Pour mesurer la teneur en or d'un bijou, on utilise le carat. Un carat représente $\frac{1^e}{24}$ de la masse totale du bijou. Par exemple, un bijou de 24 grammes contenant de l'or à un carat contient 1 gramme d'or : $24 \times \frac{1}{24} = \frac{24}{24} = 1$.

JEU

Complète le quadrillage.

La somme des quatre pièces d'or doit être égale à – 1 pour tous les carrés qui ont cette forme :

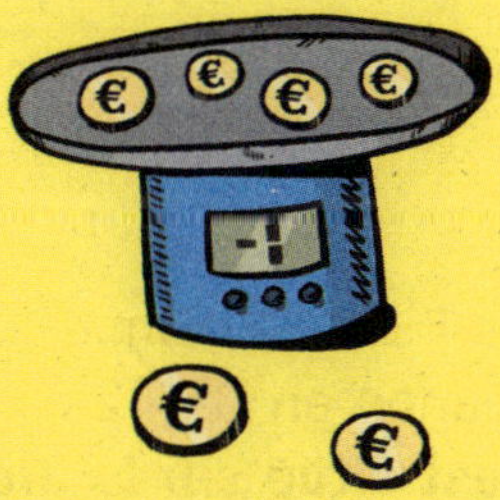

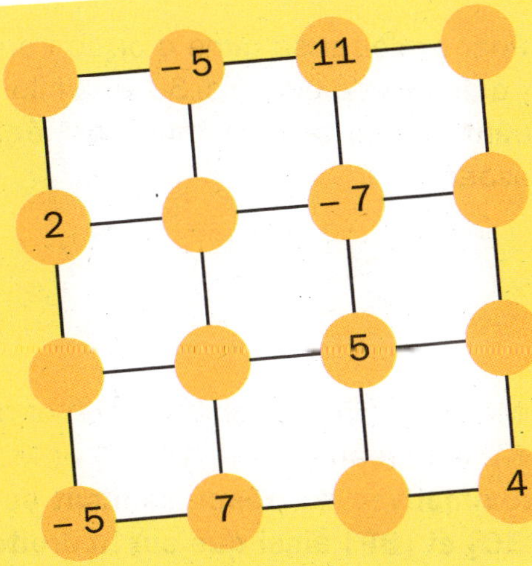

4 Calcule le volume de « Hand of Faith » ? (Voir rubrique « Incroyable mais vrai ».)

Rappel : un centimètre cube d'or pur pèse environ 19,3 grammes.

....

5 À l'aide du graphique, réponds aux questions suivantes.

1. Quelle a été la production mondiale d'or en 1986 ?

....

2. En quelle année la production mondiale d'or a-t-elle été maximale ? ....

3. À partir de quelle année la production mondiale d'or a-t-elle dépassé 2 000 tonnes ? ....

Production mondiale d'or

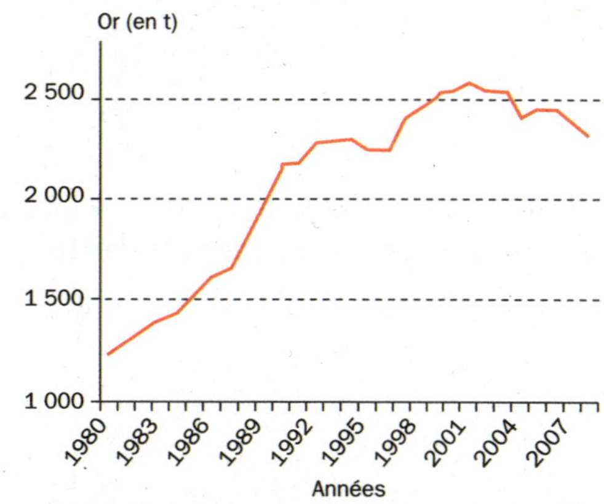

Incroyable mais vrai !

La plus grosse pépite d'or actuellement exposée se trouve dans un casino de Las Vegas : le Golden Nugget. Elle pèse 27,2 kg et répond au doux nom de « Hand of Faith ».

Maths

AU MENU :
- Équations, échelle et calcul d'aire
- Les nombres relatifs
- Symétrie centrale

La ruée vers l'or (2)

1 Pour exploiter sa mine d'or, Jo l'orpailleur a besoin d'une motopompe à 1 500 €, de deux quintaux de bois à 1,50 € le kilo et de quatre lots identiques de matériel de lavage. **Sachant que sa facture totale est égale à 1 842 €, combien coûte un lot de matériel de lavage ?**

....

....

2 Mac le pirate a caché son trésor dans l'île. Le palmier P est situé précisément en P (8 ; 6), le bateau en B (– 12 ; 6) et le cabanon en C (– 2 ; – 8). **Trouve les coordonnées approximatives du trésor, sachant qu'il est situé sur la droite passant par les milieux de [BC] et [BP] ainsi que sur la droite (OB) et place-le sur la carte.**

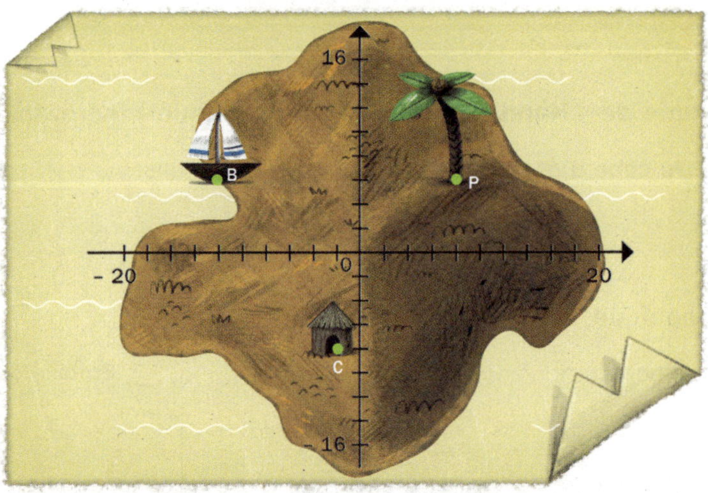

3 Chaque marche contient le plus grand des deux nombres qui la soutiennent. **Complète les pyramides en respectant cette règle.**

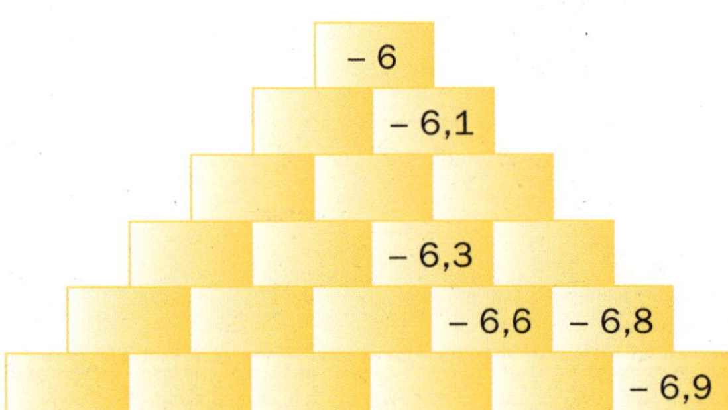

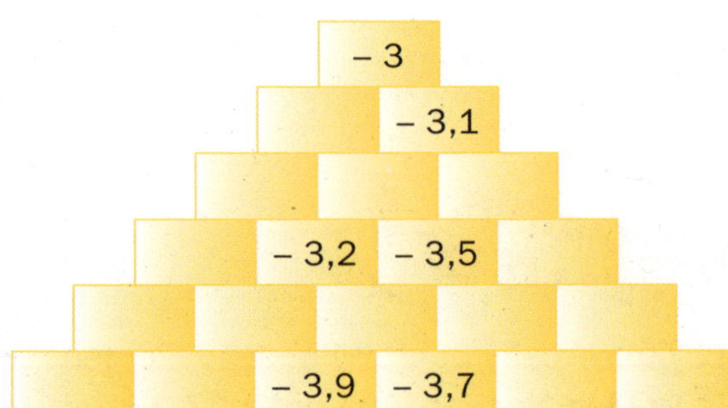

4 **Les zones aurifères de Goldland sont des rectangles. Les dimensions ci-dessous ont été relevées sur une carte. Complète le tableau.**

Indication : calcule d'abord l'échelle.

Rectangle	n° 1	n° 2	n° 3	n° 4
Longueur en mm	20	27		30
Largeur en mm	11			15
Longueur réelle en km			81	
Largeur réelle en km	33	60	75	
Superficie réelle en km²				

5 **Entoure la paire d'intrus parmi ces pièces d'or. Pense à la symétrie centrale !**

Incroyable mais vrai !

**Sais-tu comment on appelle les chercheurs d'or ?
Les orpailleurs. Leur activité s'appelle l'orpaillage.
En France, les orpailleurs travaillent principalement dans les cours d'eau du sud de la métropole et en Guyane.**

Maths

JEU

**On empile des cubes d'or de 1 cm d'arête. On obtient à chaque étape un prisme droit.
Les étapes 1, 2 et 3 sont représentées ci-dessous.**

Quel est le volume du prisme droit obtenu à la 100e étape ?

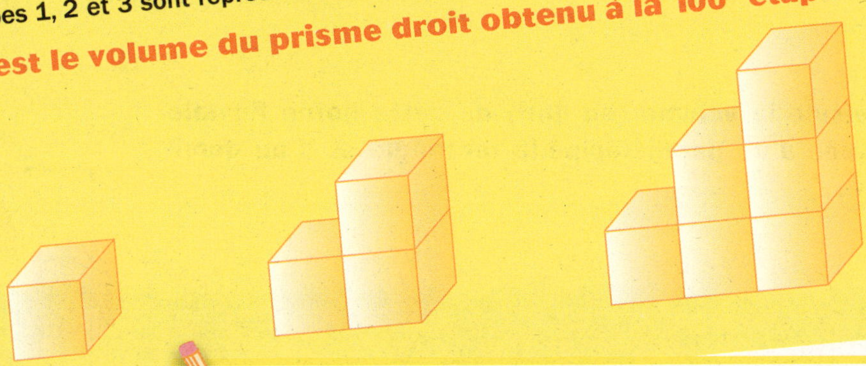

Maths

AU MENU :
- Symétrie centrale
- Gestion de données
- Droites parallèles et angles
- Volumes

Grands fleuves (1)

1 Sur les berges du Danube on a retrouvé une plaque carrée de pierre qui pourrait être la première leçon de géométrie de la préhistoire… Seule une partie a résisté au temps. **Aide le paléo-anthropologue qui l'a découverte à la reconstituer en entier sachant que le point rouge est le centre de symétrie de la plaque.**

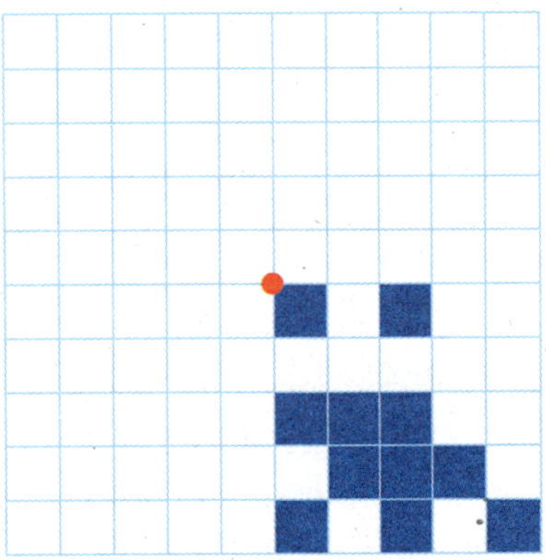

2 **L'Amazone est le fleuve qui a le plus grand débit au monde : 190 000 m³ par seconde.**

a. Combien de litres à la seconde ce fleuve débite-t-il ? ……………………………………

……………………………………………………………………………………………

b. Si l'Amazone déversait ses eaux en une seconde dans un cylindre haut comme la tour Eiffel (324 m), quel devrait être son rayon ? (On donne $13,5\ m^2 \approx 182$.)

……………………………………………………………………………………………

……………………………………………………………………………………………

……………………………………………………………………………………………

3 **Calcule le volume (en dm³) de cette borne fluviale constituée d'un parallélépipède rectangle et d'un demi-cylindre.**

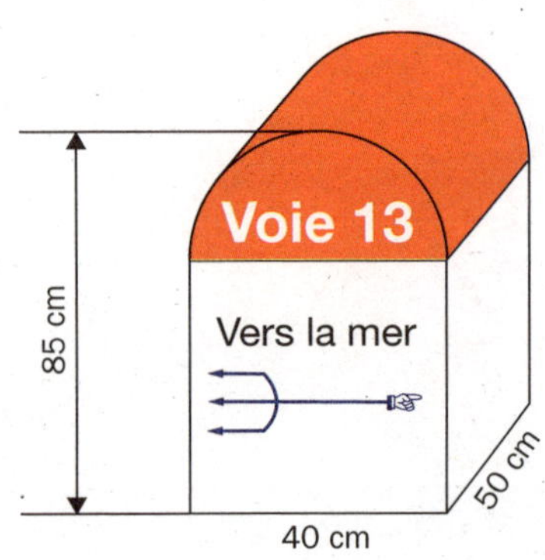

……………………………………………………………………

……………………………………………………………………

……………………………………………………………………

……………………………………………………………………

BON À SAVOIR

Le volume d'un cylindre de rayon r et de hauteur h est égal à $\pi r^2 h$.

JEU

Le treuil cylindrique où s'enroule la corde d'un puits a 32 cm de diamètre. Il faut 25 tours pour que la corde touche l'eau et 29 tours pour qu'elle atteigne le fond du puits (les tours de corde ne se chevauchent pas lorsque la corde s'enroule autour du treuil).

Quelle est la profondeur du puits et la hauteur d'eau dans ce puits ?

....

4 Pour aller du village Chachacha au village de Flamenco, on passe par l'île de Boléro pour récupérer des musiciens en panne d'embarcation. **Sachant que les deux rives du fleuve sont parallèles, calcule l'angle *x*.**

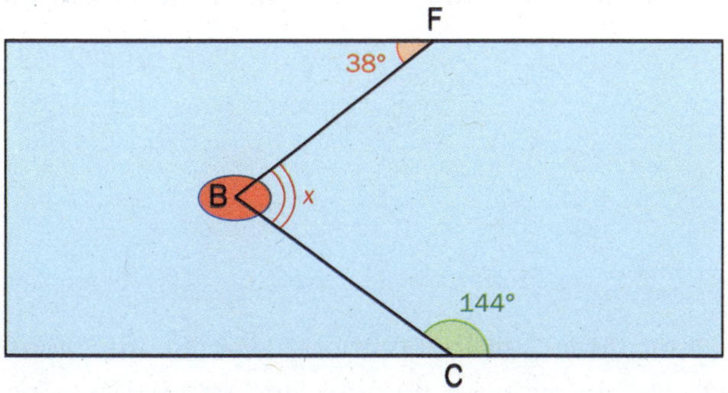

....

....

....

5 Calcule le débit annuel moyen du fleuve Yangzi jiang à la station hydrométrique de Datong.

Débit moyen mensuel du Yangzi jiang (en m³/seconde) mesuré à la station hydrométrique de Datong
Données calculées sur 64 ans

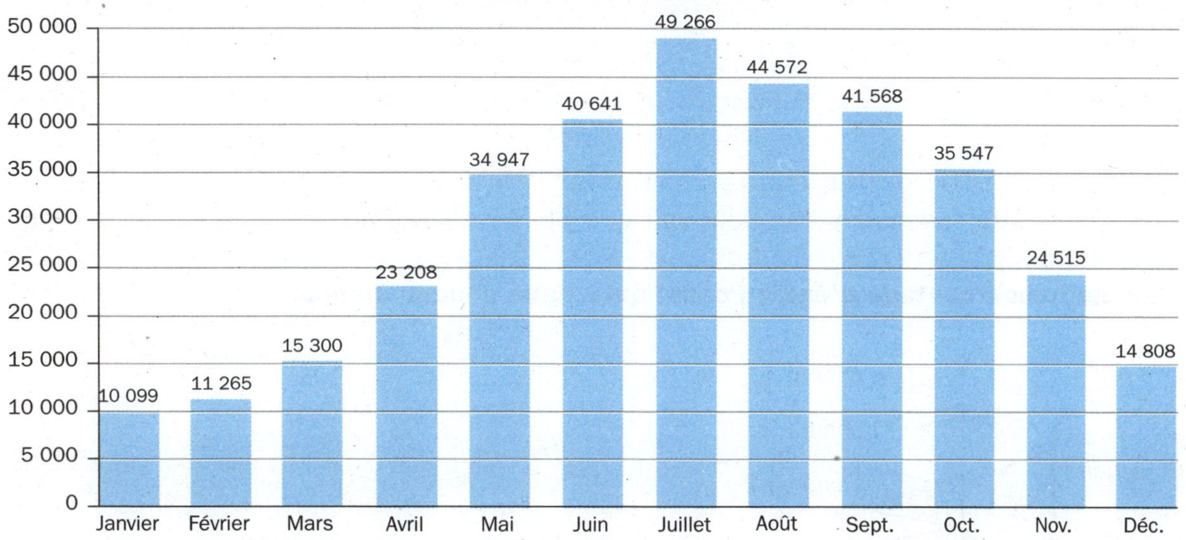

....

AU MENU :

- Pourcentages
- Calculs fractionnaires
- Proportionnalité

Grands fleuves (2)

1 On projette d'installer un barrage hydroélectrique sur le fleuve Congo d'une capacité de 39 GW (gigawatt) : le Grand Inga. **Sachant que le barrage actuel, nommé Inga 2, ne fonctionne actuellement qu'à 20 % de ses capacités avec 285 MW, combien de barrages Inga 2 le Grand Inga remplacerait-il ?**

....

....

....

2 Quand il va pêcher sur les berges du Yangzi jiang, Mao Sait-Tout emporte avec lui une canne à pêche, des hameçons, des appâts, une épuisette, un pliant et un petit livre rouge. Tout son attirail a coûté 3,50 €. **Combien a-t-il dépensé en yuans (CNY) chez le libraire sachant qu'il en a eu pour 28,7 CNY chez le marchand d'articles de pêche ?**

À savoir : l'unité monétaire de Chine est le yuan (en abrégé, CNY). Il faut environ 1 € pour avoir 10 CNY.

....

....

3 Dans le delta du Nil, quatre champs sont irrigués à partir d'un canal selon le principe illustré ci-dessous. On peut voir que 65 % de l'eau arrivant à la vanne B irrigue le champ 2.
Calcule le pourcentage d'eau du canal qui irrigue chaque champ.

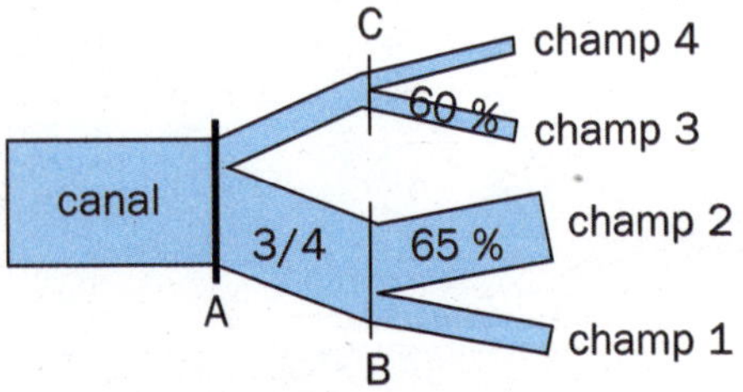

....

....

....

....

....

BON À SAVOIR

1 MW (1 méga watt) = un million de Watt !
1GW (1 Giga watt) = un milliard de Watt !

4 Au cours d'une mission au-dessus du Mississippi, un satellite espion a photographié et codé une île suspecte. Bill le malin a intercepté le message, a décrypté la photo mais il lui manque une partie des codes. **Retrouve-les sachant que pour chaque carré comme ci-contre on doit avoir $a = x \times y \times z \times t$.**

	x	
y	a	t
	z	

	32		$\frac{1}{3}$	
1		1		$\frac{1}{2}$
	$\frac{3}{16}$		?	
$\frac{3}{2}$		2		$\frac{1}{3}$
	$\frac{8}{9}$		3	

5 **À 1 000 km de l'embouchure du fleuve Amour, son altitude n'est que de 70 mètres. En supposant que la distance à son embouchure soit proportionnelle à son altitude, complète le tableau suivant.**

Altitude		21 m	14 m	70 cm	
Distance à l'embouchure (en km)	100				20

JEU

Trouve la sortie du labyrinthe !

Le nombre de la case où l'on est, le nombre de la case d'où l'on vient et le nombre de la case où l'on veut aller doivent être les longueurs des côtés d'un triangle.

Rappel : dans un triangle, la somme des deux côtés les plus courts doit être inférieure au côté le plus long.

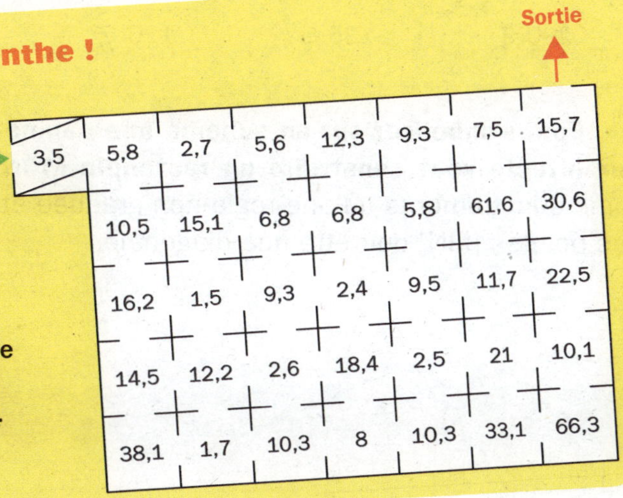

Maths

AU MENU :
- Symétrie centrale
- Multiples
- Quadrilatères et parallélogrammes
- Calcul de vitesse

Sports de glisse (1)

1 **Franky a créé un motif pour son kite surf. Complète-le sachant que le motif final est symétrique par rapport au point rouge.**

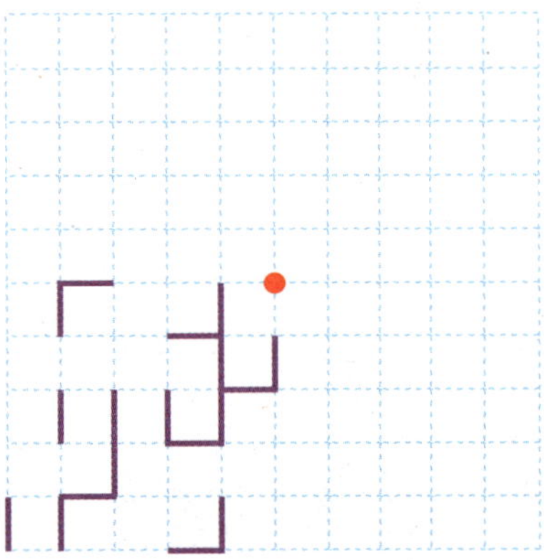

Incroyable mais vrai !

Le plus haut téléphérique du monde se trouve à Merida, au Venezuela. Il nous emmène à près de 5 000 m d'altitude.

2 **Les parents de Teddy veulent bien lui acheter un skate à condition que son prix soit un multiple de 3, de 5 et de 7. Parmi les skates suivants, coche ceux que Teddy peut choisir.**

☐ 290 € ☐ 135 € ☐ 126 € ☐ 120 € ☐ 105 € ☐ 168 €

3 **Pour symboliser sur un schéma une cabine accrochée au câble d'un téléphérique, l'architecte veut construire un rectangle MONT tel que O soit sur la droite *d*.** Il n'a comme instruments qu'une règle non graduée et un compas. Aide-le ! Attention à l'ordre des points : [MN] doit être une diagonale.

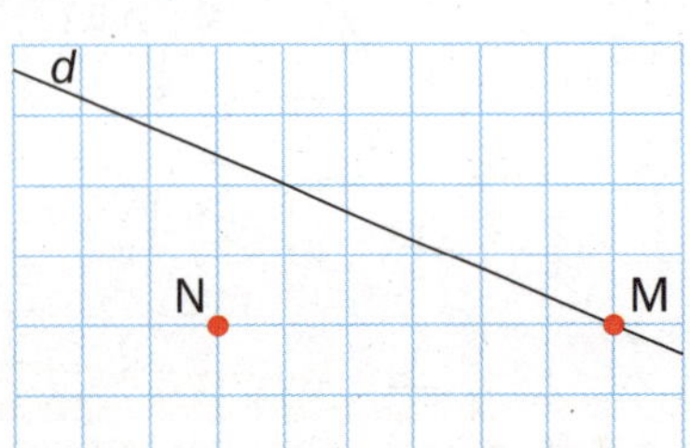

a.

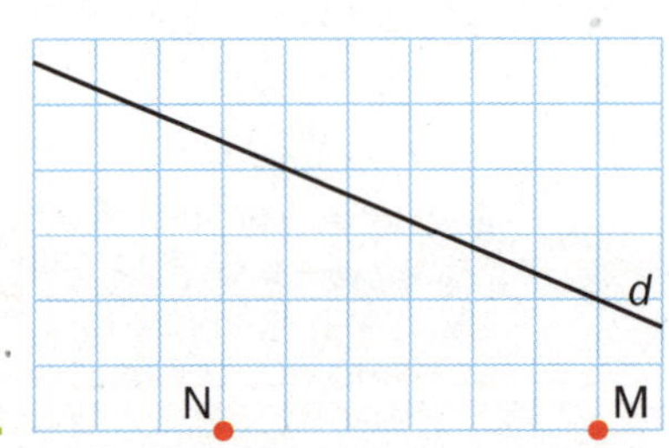

b.

JEU

Ce rectangle rouge est composé de 14 carrés. Les mesures des côtés de 4 carrés sont indiquées. Calcule les côtés des 10 carrés restants puis colorie le tout avec 4 couleurs de telle sorte que 2 carrés ayant un côté ou une partie de côté en commun ne soient pas de la même couleur.

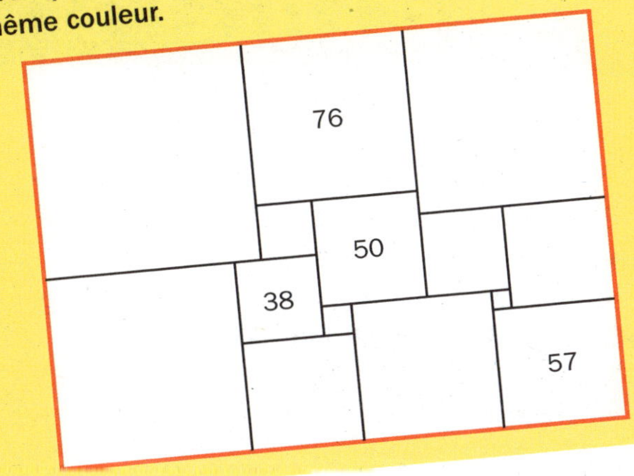

4 Depuis 2006, le record du monde du KL (kilomètre lancé) masculin appartient à l'Italien Simone Origone, avec une vitesse de 251,400 Km/h, et le record du monde du KL féminin à la Suédoise Sanna Tidstrand, avec une vitesse de 242,590 Km/h. Ces records ont été atteints sur la piste des Arcs qui a une longueur de 565 mètres. **En combien de temps, arrondi au millième de seconde, chacune des descentes a-t-elle eu lieu ?**

....

....

....

....

5 Alphonse (93 ans !) raconte toujours la même histoire : « De mon temps, il fallait tracer les pistes de patinage de vitesse selon les caprices de ces messieurs dames ! Une fois, un type me dit de tracer une piste qui a la forme d'un parallélogramme de périmètre 154 mètres précisément. “D'accord, je lui fais, mais quelle forme elle doit avoir, votre piste ?” L'autre m'a répondu qu'il y avait un angle qui était le double de l'autre et qu'un côté devait mesurer pile 42 mètres ! Tu y crois, toi ? Hé ben, je l'ai tracée quand même, la piste ! Et c'était juste ! » **Retrouve les mesures nécessaires pour tracer le parallélogramme.**

....

....

....

....

....

AU MENU :

- Pourcentages et fractions
- Échelle
- Aires d'un disque, d'un triangle
- Diagramme circulaire

Sports de glisse (2)

1 Dans un centre nautique, il y a trente membres et chacun pratique au plus un sport. Un sixième ne pratique aucune activité et 20 % des autres font de la planche à voile. Parmi le reste, 30 % font du catamaran, 25 % du dériveur, $\frac{1}{4}$ du kitesurf et $\frac{1}{5}$ du surf. **Donne le nombre de membres qui pratiquent chaque activité.**

....

....

....

2 Le trimaran *Geronimo* a un mât de 39 m, une grand-voile de 390 m² et un génois de 160 m². Si on réalise une maquette à l'échelle 1/52ᵉ, quelles seront la hauteur du mât et les aires de la grand voile et du génois ?

....

....

....

3 Une patineuse a décrit une spirale très régulière sur la glace. Elle est composée de tiers de cercles de centres successifs A, B, C et encore A et B. Afin de faire place nette pour la patineuse suivante, on a délimité en orange la surface à nettoyer. **Quelle est son aire, sachant que le triangle ABC est équilatéral et mesure 1 m de côté ?**

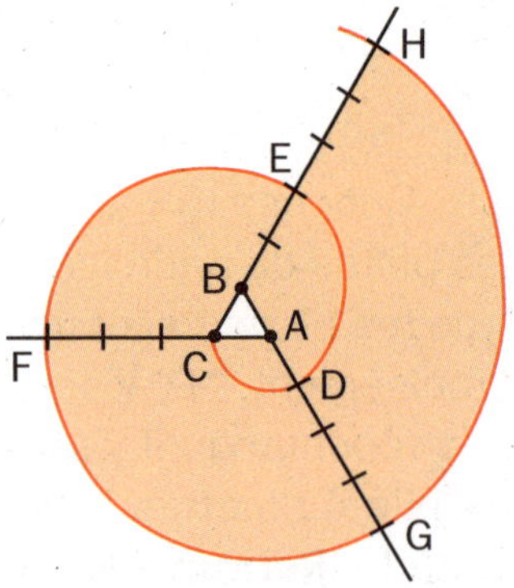

....

....

Incroyable mais vrai !

Le 13 novembre 2005, le *Geronimo* a battu le record de la traversée du Pacifique entre Los Angeles et Honolulu. C'est en 4 jours 19 heures 31 minutes et 37 secondes que le trimaran barré par Olivier de Kersauson s'est imposé en améliorant l'ancien record, détenu depuis 1997, de près de 14 heures.

Corrigés

Corrigés à détacher

Français

Sur une île déserte (1) p. 4-5

1 **a.** une vague ; une douleur ; une sorte ; une branche ; une canne ; **b.** des mouettes ; **c.** le sable ; le dos ; le ciel ; la tempête ; le soleil ; la forêt ; **d.** au bord ; **e.** son épaule.

2 **a.** la connaissance ; **b.** l'effort ; **c.** le mal.

3 vacances agréables ; grasse matinée ; copieux petits déjeuners ; ciel bleu ; mer belle ; longues balades ; interminables parties de ballon ; île déserte ; fruits sauvages ; animaux apprivoisés.

4 **a.** Robinson ; **b.** une vague ; **c.** des mouettes ; **d.** Robinson ; **e.** Robinson ; **f.** son épaule ; **g.** le soleil ; **h.** il ; **i.** il.

5 **A.** → **4.** → **b.** ; **B.** → **5.** → **d.** ; **C.** → **1.** → **c.** ; **D.** → **2.** → **a.** ; **E.** → **3.** → **e.**

JEU Ananas, papaye, goyave, mangue, banane.

Sur une île déserte (2) p. 6-7

1 reprit connaissance ; se laissa rouler sur le dos ; s'assit avec effort ; ressentit une vive douleur ; se leva ; fit quelques pas ; se fit une sorte de bonnet ; ramassa une branche ; s'enfonça dans la forêt.

2 Les verbes soulignés sont à l'imparfait de l'indicatif.

JEU

							6		7	
				5			Î		M	8
			1	V	O	I	L	I	E	R
				A			E	2	R	I
3	P	L	A	G	E					V
				U						A
4	S	O	L	E	I	L				G
										E

3 Les explorateurs progressèrent dans la forêt et escaladèrent quelques rochers. Ils entreprirent de grimper jusqu'au sommet de l'île. En chemin, ils découvrirent un ananas sauvage qu'ils découpèrent et dégustèrent à l'ombre d'un palmier. Les explorateurs finirent leur exploration vers midi ; ils s'assirent et admirèrent le paysage devant eux.

4 Le naufragé commença la construction de sa cabane : il coupa les troncs de quelques palmiers qui poussaient non loin de là, puis les assembla avec des cordes. Il recouvrit ensuite l'ensemble avec des feuillages, et disposa à l'intérieur les objets qui se trouvaient sur la plage après le naufrage. Il était fier de son travail et décida de se reposer.

5 ~~il s'asseya~~ : il s'assit ; ~~on apercevit~~ : on aperçut ; ~~elles revenirent~~ : elles revinrent.

Un animal extraordinaire (1) p. 8-9

1 **a.** Pas de COD ; **b.** un cri de douleur ; **c.** pas de COD ; **d.** un lion ; **e.** la bête venimeuse ; **f.** le lion ; **g.** son épée ; **h.** son chemin.

2 Les verbes sans COD sont « cheminait » et « s'avança ». Ils ne peuvent avoir de COD : ce sont des verbes intransitifs.

3 **1.** → **b.** ; **2.** → **c.** ; **3.** → **a.** ; **4.** → **d.**

4 **a.** dans une profonde forêt ; dans sa queue ; de sa gueule ; devant lui ; dans son fourreau ; **b.** doucement ; inclinant la tête et versant des larmes de reconnaissance ; ainsi ; **c.** avec les flammes qui sortaient de sa gueule ; avec son bouclier ; **d.** quand il entendit un cri de douleur ; puis ; alors ; à partir de ce jour.

JEU Le chevalier Yvain a sauvé un lion.

5 J'aimerais **tellement** avoir un lion comme ami ! J'irais me promener avec lui **dans la forêt**, je lui donnerais **chaque jour** de quoi manger et il me défendrait **vaillamment**. Nous pourrions aller **dans les bois** et je n'aurais pas peur de sortir **la nuit**. **Avec ses griffes**, le lion me protégerait, et on m'appellerait « le nouveau Chevalier au lion ».

Un animal extraordinaire (2) p. 10-11

1 **a.** profonde ; **b.** venimeuse.

2 **a.** Les mots soulignés sont des compléments du nom. **b.** Les mots encadrés sont des prépositions.

3 **a.** un dragon ; **b.** les flammes.

JEU

			6					8	
	1	F	E	U	7			F	
			P		D			O	
	5		E		R			R	
2	C	H	E	V	A	L	I	E	R
	O				G			T	
	M	3	L	I	O	N			
	B				N				
	A								
4	T	E	R	R	A	S	S	E	R

4 **a.** « de rage », complément du nom « un cri » ; **b.**« de la forêt », complément du nom : « le sol » ; **c.** « de sang », complément du nom « des flots » ; **d.**« du chevalier », complément du nom « le courage » ; **e.** « des villageois », complément du nom « la terreur ».

5 **a.** Un dragon qui lançait des flammes.
b. Un chevalier qui a triomphé du dragon.
c. Un lion qui versait des larmes.

6 **a.** sombre, profonde, etc. **b.** acharné, sanglant, etc.
c. valeureux, admirable, etc.

Un amour de vacances (1) p. 12-13

1 C'est une phrase simple car elle n'a qu'un seul verbe conjugué. Les autres phrases simples sont : « Mon chéri, comme tu m'as manqué ! » et « Pendant ce temps-là, je reste près d'elle. »

2 **a.** lorsque les vacances [commencent] ;
b. je [suis] le premier à la voir ;
c. car je [sais] ;
d. qu'elle [va] arriver ;
e. et je [me suis placé] de bonne heure près de la porte d'entrée.

JEU Le chien.

3 **a.** proposition subordonnée ; **b.** proposition principale ; **c.** proposition subordonnée ; **d.** proposition principale.

4 **a.** relative ; **b.** conjonctive.

5 **1.** Un jour, mon voisin m'a donné deux petits chats
2. qui étaient abandonnés par leur mère.
3. Dès que je les ai vus,
4. j'ai adoré ces petites boules de poils.
5. Mes parents n'étaient pas contents
6. car ils ne voulaient pas d'animaux à la maison.
7. J'ai expliqué à ma mère
8. que je voulais m'en occuper
9. et elle m'a fait confiance.
10. Maintenant, toute ma famille a adopté ces chatons.
11. qui sont si jolis et attendrissants !

Un amour de vacances (2) p. 14-15

1 Les mots montrant que les trois actions se succèdent sont « alors » et « puis ». On pourrait compléter la dernière phrase avec le mot « enfin ».

2 **a.** pendant ce temps-là ; **b.** tandis que.

3

Actions	Connecteurs spatiaux
Je me suis placé	Près de la porte d'entrée
Elle entre	Dans la maison
Pose son sac	Près de l'escalier
Je reste	Auprès d'elle
Les gens sont	Dans la rue

4 Il aperçut **au loin** un animal qu'il ne reconnut pas. Il lui sembla **d'abord** que c'était un renard. **Ensuite**, en s'approchant, il distingua mieux la bête qui se tenait **devant la maison**. Il accéléra **alors** le pas et identifia **enfin** le gros chat qui miaulait **sur le pas de la porte**.

5 **1.** Le mot **« car »** indique un rapport de cause.
2. On pourrait également employer la conjonction **« parce que »**.

3. Elle jette un regard circulaire **pour s'assurer que tout est à sa place**.
4. On pourrait employer la conjonction « **afin de** (s'assurer...) ».

JEU si - à - moi : siamois.

Un étrange phénomène (1) p. 16-17

1 **a.** Phrase interrogative. **b.** Phrase impérative.
c. Phrase déclarative.

2 **a.** Vous observez le soleil.
b. Observez-vous le soleil ?
c. Est-ce un rayon vert ?
d. Le soleil disparaît-il à l'horizon ? (ou : Est-ce que le soleil disparaît à l'horizon ?)
e. Attendons l'occasion d'apercevoir le rayon vert.

JEU

E		H	N	R			R	O	V	B
C	M	O	U	A	R	O	I	C	E	A
L	E	R	A	Y	O	N	V	E	R	T
A	R	I	G	O	C	D	A	A	T	E
I		Z	E	N	H	E	G	N		A
R		O			E		E			U
		N			R					

3 **a.** Forme affirmative.
b. Forme négative.
c. Forme affirmative.
d. Forme négative.

4 Il **ne** faut **jamais** désespérer de voir le rayon vert. Il **ne** suffit **pas** de se placer face à l'horizon et d'attendre. Les conditions qui permettent d'observer ce phénomène **ne** sont **guère** fréquentes, car il **ne** faut **point** de nuages ni d'obstacles. Mais on aperçoit souvent le rayon vert alors qu'on **ne** croyait **plus** la chose possible !

5 **a.** Tu ne connais pas le rayon vert.
b. N'as-tu pas envie de découvrir ce phénomène ?
c. Lis le roman de Jules Verne !

Un étrange phénomène (2) p. 18-19

1 **a.** l'astre radieux ; **b.** la ligne d'eau.

JEU Quelles vacances extraordinaires !

2 **a.** examiner, étudier, regarder ;
b. assurément, certainement, sûrement ;
c. l'événement, le fait ;
d. (faire) une étude, un constat, une remarque.

3 **a.** se lever ; **b.** précéder ; **c.** inférieure ; **d.** apparaître ; **e.** flou, vague ; **f.** premier ; **g.** imparfaite ; **h.** dernière ; **i.** unie, uniforme ; **j.** trouble.

4 **1.** → **e.** ; **2.** → **h.** ; **3.** → **g.** ; **4.** → **f.** ; **5.** → **a.** ; **6.** → **d.** ; **7.** → **c.** ; **8.** → **b.**

5 **a.** Le rayon du soleil ≠ le rayon dans un magasin, le rayonnage.

b. L'occasion (la possibilité) ≠ l'occasion (l'objet déjà utilisé).

c. La palette (des couleurs) ≠ la palette en bois, servant à transporter des objets lourds.

6 Il a marché **sans** faire attention sur un bout de **verre** et s'est coupé. Affolé par la vue du **sang**, il s'est dirigé **vers** la **mer** et a trempé son pied. L'eau salée lui a fait **très** mal et il est reparti d'un **trait** dans l'autre **sens**. Sa **mère** s'est plainte au **maire** car la plage était dangereuse. Le drapeau **vert** pour la baignade ne suffit pas. Les dangers du sable, il faut aussi **s'en** méfier !

Quiz-bilan

1. c. / **2.** c. / **3.** a. / **4.** c. / **5.** b. / **6.** c. / **7.** a. / **8.** b. / **9.** b. / **10.** c. / **11.** b. / **12.** a. / **13.** b. / **14.** c. / **15.** a. / **16.** c. / **17.** a. / **18.** c. / **19.** c. / **20.** b. / **21.** b. / **22.** a.

Corrigés à détacher

Maths

La ruée vers l'or (1) p. 24-25

1 Les figures a., b., c. et f. sont des prismes droits car ils peuvent être posés à plat sur une de leur face qui est un polygone.

2

Or pur				
Volume (en cm^3)	6	81	**10**	**5**
Masse (en gramme)	**115,8**	**1 563,3**	193	96,5

3 a. → 11,25 ; b. → 35 ; c. → 15 ; d. → 17,5.

JEU

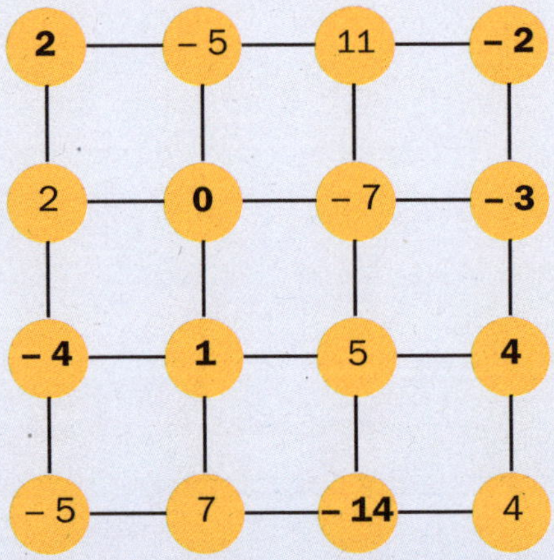

4 27 200 : 19,3 ≈ 1 409 donc le volume de « Hand of Faith » vaut environ 1 409 cm^3, soit environ 1,5 litres.

5 1. Production mondiale en 1986 : un peu plus de 1 500 tonnes.
2. La production mondiale d'or a été maximale en 2001.
3. La production mondiale d'or a dépassé 2 000 tonnes en 1990.

La ruée vers l'or (2) p. 26-27

1 1 842 – 1 500 – 200 × 1,5 = 42. Prix, en €, d'un lot : 42 : 4 = 10,5.

2 Le point T a pour coordonnées approximatives (– 4,5 ; 2,5).

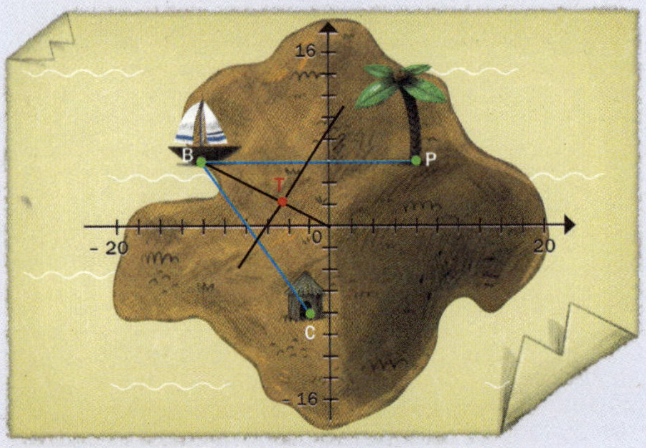

3

– 6
– 6 | – 6,1
– 6 | **– 6,1** | **– 6,3**
– 6 | **– 6,1** | – 6,3 | **– 6,6**
– 6 | **– 6,1** | **– 6,3** | – 6,6 | – 6,8
– 6 | **– 6,1** | **– 6,3** | **– 6,6** | **– 6,8** | – 6,9

– 3
– 3 | – 3,1
– 3 | **– 3,2** | **– 3,1**
– 3 | – 3,2 | – 3,5 | **– 3,1**
– 3 | **– 3,2** | **– 3,7** | **– 3,5** | **– 3,1**
– 3 | **– 3,2** | – 3,9 | – 3,7 | **– 3,5** | **– 3,1**

4 On voit que 11 mm représentent 33 km (rectangle n° 1).

$\frac{33}{11} = 3$. Donc 1 mm représente 3 km.

Rectangle	n° 1	n° 2	n° 3	n° 4
Longueur en mm	20	27	27	30
Largeur en mm	11	20	25	15
Longueur réelle en km	60	81	81	90
Largeur réelle en km	33	60	75	45
Superficie réelle en km^2	1 980	4 860	6 075	4 050

5 L'intrus est la pièce au bison. Toutes les autres paires sont symétriques par une symétrie centrale. Voici ce que l'on aurait dû avoir :

JEU Il faut trouver le nombre de cubes à la 100e étape et faire la somme de leur aire.
Le prisme comprend :
- à la 1re étape : 1 cube ;
- à la 2e étape : 1 + 2 cubes ;
- à la 3e étape : 1 + 2 + 3 cubes.
- à la 100e étape :

1 + 2 + 3 + 4 + ... + 100 cubes = 5 050 cubes.
Le volume d'un cube = aire de sa base × sa hauteur = $L \times l \times h$.
Ici, le volume d'un cube = 1 × 1 × 1 = 1 cm^3.
Le volume du prisme à la 100e étape est donc de 5 050 × 1 = 5 050 cm^3.

Grands fleuves (1) p. 28-29

1

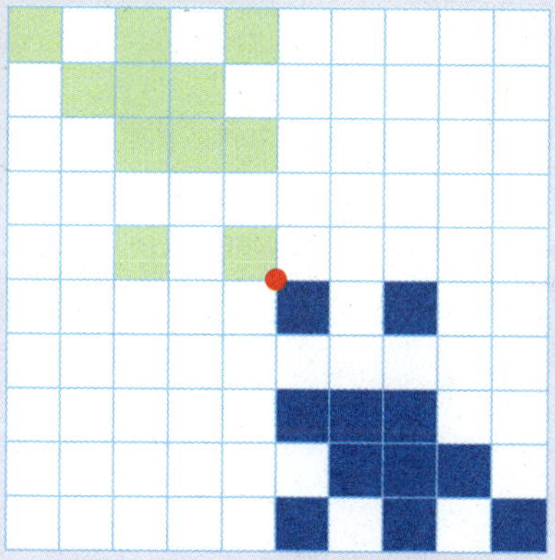

2 **a.** 1 litre = 1 dm^3 et 1 m^3 = 1 000 dm^3. Donc l'Amazone débite 190 000 000 litres à la seconde.
b. Volume du cylindre : 190 000 m^3.

Aire de la base : $\frac{190\,000}{324} \approx 586$ (m^2).

$\pi R^2 \approx 586$; $R^2 \approx \frac{586}{\pi}$ donc $R^2 \approx 187$.

Donc $R \approx 13{,}5$ m. Le rayon devrait être égal à 13,5 mètres environ.

3 Volume du parallélépipède en cm^3 :
$65 \times 50 \times 40 = 130\,000$.

Volume du demi-cylindre en cm^3 :
$\frac{1}{2} \times \pi \times 20^2 \times 50 \approx 31\,400$.

Volume de la borne en cm^3 : 161 400 environ, soit 161,4 dm^3.

JEU Un tour de manivelle déroule $\pi \times 32$ cm de corde, soit 1 mètre environ. Puisqu'on fait 29 tours pour aller au fond, le puits a 29 mètres de profondeur environ. Il y a 4 mètres d'eau environ (29 – 25 = 4).

4 D'après les propriétés des angles alternes internes, on obtient les mesures indiquées ci-après.
On en déduit que $x = 38° + 36° = 74°$.

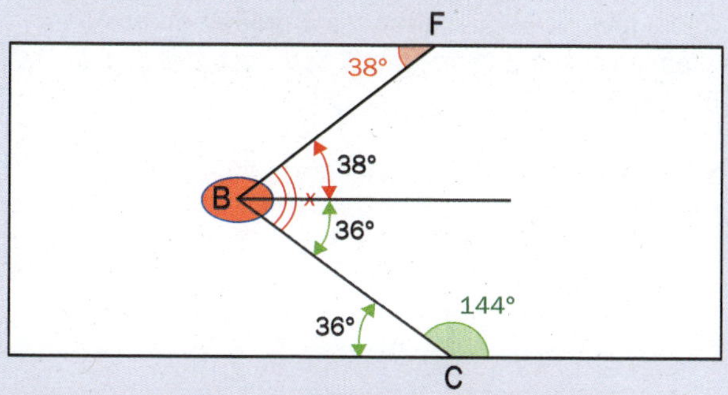

5 28 811 m^3/s (c'est la moyenne des débits).

Grands fleuves (2) p. 30-31

1 En MW, le barrage d'Inga 2 pourrait produire 5×285, soit 1 425 MW. Cela représente 1,425 GW.
Nombre de barrages Inga 2 pour un barrage Grand Inga : $\frac{39}{1{,}425}$, soit 27,3.
Le Grand Inga remplacerait donc 27 barrages Inga 2.

2 3,50 € = 35 CNY. Mao a dépensé 6,30 CNY chez le libraire car 35 – 28,7 = 6,3.

3 Champ 1 : $\frac{3}{4} \times 0{,}35 = 0{,}2625 = 26{,}25$ %.

Champ 2 : $\frac{3}{4} \times 0{,}65 = 0{,}4875 = 48{,}75$ %.

Champ 3 : $\frac{1}{4} \times 0{,}6 = 0{,}15 = 15$ %.

Champ 4 : $\frac{1}{4} \times 0{,}4 = 0{,}1 = 10$ %.

4

5

Altitude	7 m	21 m	14 m	70 cm	1,40 m
Distance à l'embouchure (km)	100	300	200	10	20

JEU

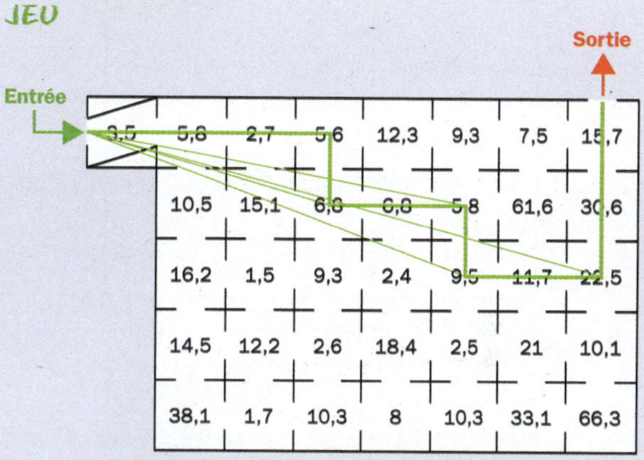

Sports de glisse (1) p. 32-33

1

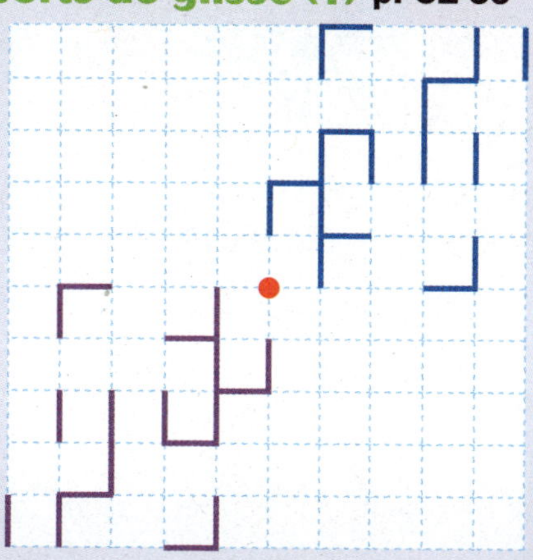

2 Teddy va choisir le skate à 105 € et seulement celui-ci.

Corrigés à détacher

3 a. Construction possible :

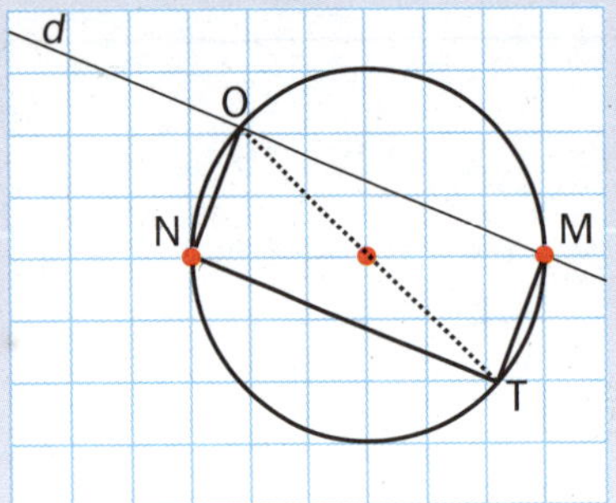

b. Construction impossible :

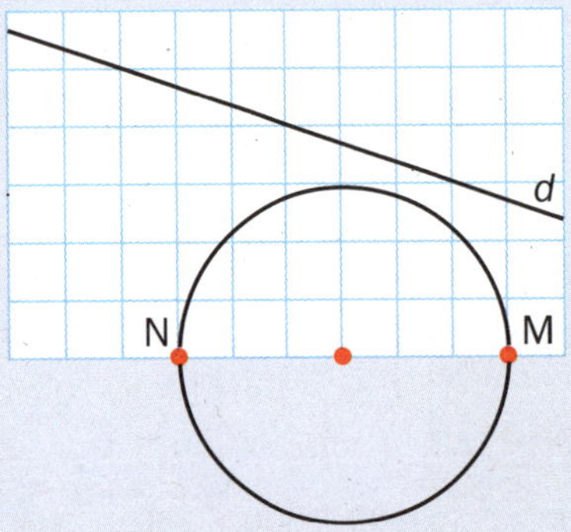

JEU On a écrit les côtés des carrés dans chacun d'eux.

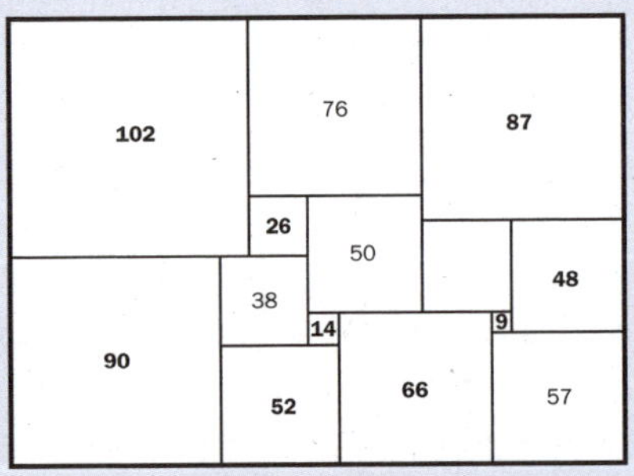

Les dimensions du rectangle sont : 265 cm par 192 cm.

4 Durée de la descente masculine :
$\frac{0,565}{251,4}$ heures, donc $\frac{0,565}{251,4} \times 3\,600$ secondes, soit 8,091 secondes.

Durée de la descente féminine :
$\frac{0,565}{242,59}$ heures, donc $\frac{0,565}{242,59} \times 3\,600$ secondes, soit 8,385 secondes.

5 Les angles consécutifs d'un parallélogramme sont supplémentaires et les angles opposés ont la même mesure. Donc si un angle mesure x celui qui le suit mesure $2x$ et leur somme, $3x$, mesure 180°. Ainsi, $x = \frac{180}{3} = 60$.

Bilan : le parallélogramme a deux angles de 60° et un angle de 120°.

De plus, la moitié de son périmètre est égale à 77 mètres car $\frac{154}{2} = 77$, donc un côté mesure 42 mètres, comme le dit Alphonse, et l'autre 35 mètres car 77 - 42 = 35. C'est plus qu'il n'en faut pour construire le parallélogramme !

Sports de glisse (2) p. 34-35

1 Cinq sixièmes des membres pratiquent une activité, donc $\frac{5}{6} \times 30$, c'est-à-dire 25.

Pratiquent la planche à voile : 25 × 20 % = 5.
Restent 25 - 5 = 20. Parmi ceux-ci :
- pratiquent le catamaran : 20 × 30 % = 6 ;
- pratiquent le dériveur : 20 × 25 % = 5 ;
- pratiquent le kitesurf : $20 \times \frac{1}{4} = 5$;
- pratiquent le surf : $20 \times \frac{1}{5} = 4$.

2 Hauteur du mât : $\frac{1}{52} \times 39 = 0,75$ m.

Aire de la grand voile : $\frac{1}{52} \times \frac{1}{52} \times 390 \approx 0,144$ m².

Aire du génois : $\frac{1}{52} \times \frac{1}{52} \times 160 \approx 0,059$ m².

3 Il y a un tiers de disque de rayon 3 m, un tiers de disque de rayon 4 m et un tiers de disque de rayon 5 m. L'aire cherchée est donc égale, en m², à :
$\frac{1}{3}\pi\,(3^2 + 4^2 + 5^2) = \frac{1}{3}\pi$ « fois » $50 = \frac{50}{3}\pi$.

4

Temps			
Effectif	15	9	6
Fréquence	0,5	0,3	0,2
Angles des secteurs	180°	108°	72°

5 La logique est la suivante : le produit du nombre intermédiaire et du nombre d'arrivées est égal au nombre de départs : $\frac{1}{7} \times \frac{1}{6} = \frac{1}{42}$.

De plus, le nombre d'arrivées est le plus grand des trois. Les parcours possibles sont :
$\frac{1}{20}, \frac{1}{5}, \frac{1}{4}$; $\frac{1}{24}, \frac{1}{6}, \frac{1}{4}$; $\frac{1}{30}, \frac{1}{6}, \frac{1}{5}$.

JEU

$\frac{1}{3}$	$\mathbf{\frac{7}{18}}$	$\mathbf{\frac{1}{18}}$
0	$\frac{4}{18}$	$\frac{1}{2}$
$\mathbf{\frac{4}{9}}$	$\mathbf{\frac{1}{9}}$	$\frac{2}{9}$

$\frac{1}{6}$	$\frac{4}{9}$	$\frac{1}{18}$
$\mathbf{\frac{1}{9}}$	$\mathbf{\frac{2}{9}}$	$\mathbf{\frac{1}{3}}$
$\mathbf{\frac{7}{18}}$	**0**	$\frac{5}{18}$

Dieux du stade (1) p. 36-37

1

Vainqueur	Allemagne	Argentine	Brésil	Italie
Effectif	3	2	5	4
Fréquence	16,7 %	11,1 %	27,8 %	22,2 %

Corrigés à détacher

Vainqueur	Angleterre	Uruguay	France
Effectif	1	2	1
Fréquence	5,6 %	11,1 %	5,6 %

2 a. $\frac{100}{9,58}$ soit 10,44 m/s.
b. $10,44 \times 60 = 626,4$ m.

3 00:00 ; 02:20 ; 05:50 ; 10:01 ; 11:11 ; 12:21 ; 15:51 ; 20:02 ; 21:12 ; 22:22

JEU

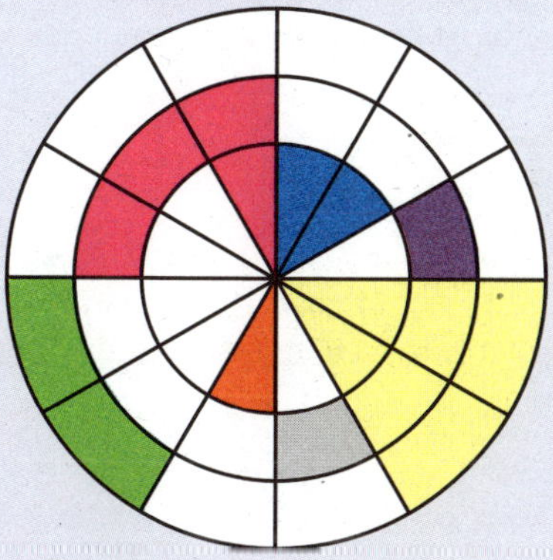

4 Si l'on calcule la masse totale des médailles de la 1re ligne du 2e tableau, on a :
- pour les médailles d'or : $16 \times 244,5 = 3\,912$ g ;
- pour les médailles d'argent : $22 \times 269 = 5\,918$ g ;
- pour les médailles de bronze : $16 \times 224 = 3\,584$ g.

Masse totale : $3\,912 + 5\,918 + 3\,584 = 13\,414$ g.
Cette masse correspond à celle attribuée dans le tableau à la Chine.

Rang	Pays	Or	Argent	Bronze	Masse totale (g)
1	Équipe unifiée de l'ex-URSS	45	38	29	27 720
2	États-Unis	37	34	37	26 480,5
3	Allemagne	33	21	28	19 989,5
4	Chine	16	22	16	13 414
5	Cuba	14	6	11	7 501
6	Espagne	13	7	2	5 509,5
7	Corée du Nord	12	5	12	4 967
8	Hongrie	11	12	7	7 485,5
9	France	8	5	16	6 885
10	Australie	7	9	11	6 596,5

Dieux du stade (2) p. 38-39

1 Sur la carte, on peut tracer un peu plus de deux fois le segment représentant 50 km. La distance séparant Falmouth et Kingston est donc d'un peu plus de 100 km.

2 Volume du cylindre : $\pi \times 0,225^2 \times 10 \approx 1,59$ m^3.
Volume du parallélépipède rectangle :
$1 \times 1 \times 0,15 \approx 0,15$ m^3.
Volume total : $1,59 + 0,15$ soit environ $1,74$ m^3.

3 Si les dimensions sont bien 900 m sur 800 m, sa superficie est égale à 720 000 m² au maximum, soit 72 hectares. Ce n'est ni 80 ha, ni 660 000 m².

JEU Zinedine Zidane et Thierry Henry ont été champions du monde. (Z = 7, I = – 10, N = – 5, E = – 14, etc.)

4 On a : H + Aph = 40, Aph + Apo = 42 et Apo + H = 36.
Donc, à eux trois, ils ont eu $\frac{40 + 42 + 36}{2}$, soit 59 trophées.
Donc Apollon en a eu 19 car 59 – 40 = 19, Hermès en a eu 17 car 59 – 42 = 17 et Aphrodite en a eu 23 car 59 – 36 = 23.

5 Le terrain de handball mesure entre 18 et 25 mètres de longueur et entre 15 et 18 mètres de largeur.
a. Longueur moyenne : $\frac{18 + 25}{2} = 21,5$ m.
Largeur moyenne : $\frac{15 + 18}{2} = 16,5$ m.
Aire moyenne : $21,5 \times 16,5 = 354,75$ m².
b. Aire minimale : $18 \times 15 = 270$ m².
Aire maximale : $25 \times 18 = 450$ m².

Victime de la mode (1) p. 40-41

1 Le carré d'aire 324 a pour côté 18. Les nombres de la figure sont les mesures des côtés des carrés qui les contiennent.

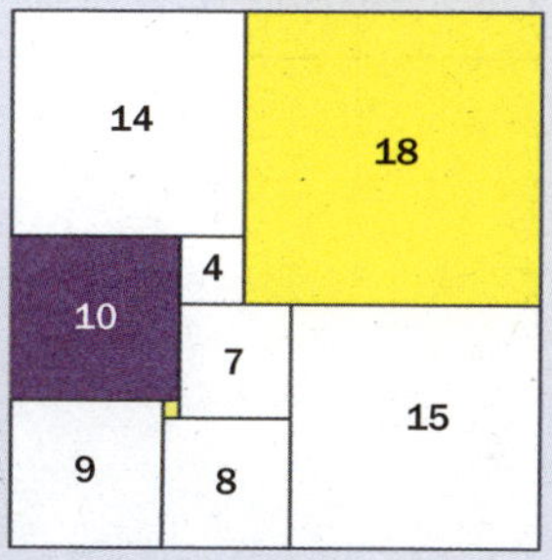

2 Nombre de modèles *normal* : $4 \times 3 = 12$.
Nombre de modèles *luxe* : $2 \times 5 = 10$.
Soit x le nombre de motifs pour le modèle *fashion*.
Nombre de modèles fashion : $6x$
Donc il y a $12 + 10 + 6x$, soit $22 + 6x$ modèles.
Ainsi $22 + 6x = 58$, $6x = 58 - 22 = 36$, donc $x = 6$.

3 Avec la préparation indiquée, on obtient 200 mL de colorant car 5 + 78 + 117 = 200.
On a donc 2 dL ; pour en avoir 1 dL, il suffit de diviser les quantités par 2 !

4 Aire du triangle : $\frac{10 \times 40}{2}$, donc 200 cm².
Aire d'un morceau : $70 \times 80 - 200 = 5\,400$ cm².
Aire totale du tissu : $5\,400 \times 2 = 10\,800$ cm².

5

Prix initial	Pourcentage de réduction	Prix après réduction
30 €	– 20 %	**24 €**
50 €	– 10 %	45 €
50 €	– 15 %	**42,5 €**
45 €	**– 20 %**	36 €

JEU Karl : 910 ; Kate : 69 ; Heidi : 420 ; Dita : 56 ; John : 104.

Corrigés à détacher

Victime de la mode (2) p. 42-43

1 Les paires de chaussures sont symétriques par une symétrie centrale sauf la paire ci-dessous dont les chaussures sont symétriques par rapport à un axe.

2 Volume du sable à charrier :
$\frac{\pi \times 0{,}25^2 \times 40}{2} \approx 3{,}925$ m^3.
Quantité à charrier : 3,925 × 1 850 = 7 261,25 kg !
Il lui faudra charrier plus de 7 tonnes.

3 On lit : pirate.

Lettres	a	e	i	p	r	t
Abscisses pour ***patrie***	- 9,98	- 9,67	- 9,78	- 9,99	- 9,85	- 9,93
Abscisses pour ***partie***	- 9,98	- 9,67	- 9,78	- 9,99	- 9,93	- 9,85
Abscisses pour ***paître***	- 9,98	- 9,67	- 9,93	- 9,99	- 9,78	- 9,85
Abscisses pour ***parité***	- 9,98	- 9,67	- 9,85	- 9,99	- 9,93	- 9,78

4 15 × 0,9 + 50 × 1,2 + 30 × 0,25 + 1,80 × (25 + 15) = 153.
Coline va dépenser 153 €.

5 GUERLAIN

JEU La tomate contient un gramme de pulpe qui ne s'évapore pas. En effet 100 - 99 = 1. Après son bronzage, la tomate contient 2 % de pulpe. Un gramme de pulpe représente donc 2 % de sa masse totale, notée *m*. Donc 2 % fois *m* = 1 ; *m* = 1 : 2 % = 50.
La tomate pèse 50 grammes désormais.

Quiz-bilan

1. b. / **2.** c. / **3.** b. / **4.** a. / **5.** b. / **6.** a. / **7.** b. / **8.** a. / **9.** c. / **10.** b. / **11.** a. / **12.** b. / **13.** c. / **14.** b. / **15.** a. / **16.** a. / **17.** b. / **18.** c. / **19.** b. / **20.** a. / **21.** a. / **22.** c.

Anglais

The London Tube (1) p. 48-49

1 are - are - are - is - has got - have got.

2 1. → c. ; 2. → d. ; 3. → e. ; 4. → b. ; 5. → a.

3 a. What b. When c. Who d. Where e. Why f. How

JEU easy ; difficult ; quick ; intelligent ; great → **district**.

The London Tube (2) p. 50-51

1 a. The District line serves the biggest number of stations. b. The Bakerloo line is more recent. c. There are more people at 7 p.m. than at 11 p.m. d. Ron plays chess better than Harry.

2 a. tall - the tallest b. quick - quicker than c. difficult - more difficult than d. good - better than

3 a. talking b. going c. taking d. tasting.

4 1. → b. ; 2. → a. ; 3. → d. ; 4. → c. ; 5. → e.

5 Réponse : b.

JEU St James's Park (toutes les autres stations se trouvent sur la Central line).

Birthday party games (1) p. 52-53

1 a. can't b. have to c. can d. has to e. can't

2 1. → b. ; 2. → d. ; 3. → c. ; 4. → a.

3 Seule la phrase c. ne doit pas être cochée.

4 Réponse : a. et d.

JEU Trevor is fourteen.

Birthday party games (2) p. 54-55

1 1. a. should b. can't c. can d. needn't e. can't

2 1. → c. ; 2. → b. ; 3. → d. ; 4. → a.

3 a. permission b. obligation c. capacité + absence d'obligation d. incapacité.

4 1. → b. ; 2. → d. ; 3. → a. ; 4. → c.

JEU a. Are you OK? b. See you at 5! c. Talk to you later! d. OK for today. e. OK. Thanks! f. Please!!!

5 1. → c. ; 2. → b. ; 3. → a.

Sherlock Holmes p. 56-57

1 1. → b. ; 2. → c. ; 3. → a. ; 4. → d ; 5. → e.

2 a. is studying b. is investigating c. are talking.

JEU The fingerprints.

3 Action en cours : a. ; action habituelle : b., c. et d.

4 b. writes d. loves

5 a. oui ; b. non ; c. oui ; d. non ; e. oui.

Barack Obama p. 58-59

1 a. faux b. faux c. vrai d. faux.

2 a. announced b. married c. graduated d. ran.

3 1. → b. ; 2. → c. ; 3. → a.

4 a. prétérit ; b. présent ; c. présent *be* + *-ing* ; d. prétérit *be* + *-ing*.

5 a. will be b. will go c. will learn d. will get.

JEU Horizontalement : HAPPY - ROAD - WASHINGTON - IDEA - RESULT - VOTE. Verticalement : PRESIDENT - NO - SMART - YES.

Quiz-bilan

1. a. / 2. c. / 3. a. / 4. b. / 5. b. / 6. c. / 7. c. / 8. a. / 9. a. / 10. c. / 11. b. / 12. b.

Quiz-bilan toutes matières

Français

1. b. / 2. a. / 3. b. / 4. a. / 5. a. / 6. b. / 7. a. / 8. a. / 9. c. / 10. b. / 11. a. / 12. c. / 13. b. / 14. a. / 15. b. / 16. c.

Maths

1. b. / 2. c. / 3. b. / 4. b. / 5. c. / 6. a. / 7. c. / 8. b. / 9. b. / 10. a./ 11. c./ 12. b./ 13. a./ 14. b./ 15. c./ 16. c.

Anglais

1. a. / 2. c. / 3. a. / 4. b. / 5. b. / 6. c. / 7. c. / 8. a. / 9. a. / 10. c. / 11. a. / 12. b.

Histoire, Géo., Éd. civique

1. c. / 2. b. / 3. c. / 4. a. / 5. a. / 6. b. / 7. b. / 8. c. / 9. a. / 10. b. / 11. b. / 12. a.

SVT

1. a. / 2. b. / 3. c. / 4. b.

Physique-Chimie

1. a. / 2. a. / 3. b. / 4. b.

Technologie

1. a. / 2. c.

Histoire des arts

1. a. / 2. b. / 3. a. / 4. c.

BON À SAVOIR

L'aire d'un disque de rayon r est égale à πr^2.

4 Max le surfeur a noté le temps qu'il a fait pendant les trente premiers jours de juillet dans son centre sportif. **Quels sont les angles des secteurs d'un diagramme circulaire correspondant aux données ?**

= temps ensoleillé = temps nuageux = temps pluvieux

....

....

5 Marine la Malouine veut faire des parcours de régate suivant la même logique que celui ci-dessous. **Combien peut-elle faire de parcours ? Avec quels drapeaux parmi ceux dont elle dispose ?**

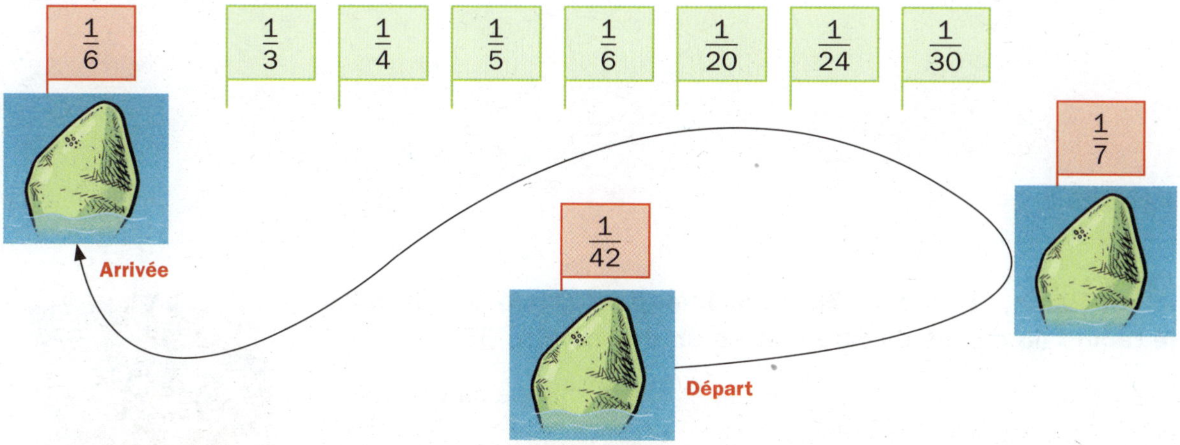

JEU

Complète ces deux carrés magiques.

Dans un carré magique, les sommes de chaque ligne, de chaque colonne et de chaque diagonale sont égales.

$\frac{1}{3}$		
	$\frac{5}{18}$	$\frac{1}{2}$
		$\frac{2}{9}$

$\frac{1}{6}$	$\frac{4}{9}$	$\frac{1}{18}$
		$\frac{5}{18}$

Maths

AU MENU :
- Gestion de données, effectif, fréquence
- Vitesse
- Échelle

Dieux du stade (1)

1 Voici les vainqueurs de la coupe du monde de football depuis sa création jusqu'en 2006.

1930 : Uruguay
1934 : Italie
1938 : Italie
1950 : Uruguay
1954 : Allemagne (RFA)
1958 : Brésil
1962 : Brésil
1966 : Angleterre
1970 : Brésil
1974 : Allemagne (RFA)
1978 : Argentine
1982 : Italie
1986 : Argentine
1990 : Allemagne
1994 : Brésil
1998 : France
2002 : Brésil
2006 : Italie.

Construis un tableau d'effectif et de fréquence en pourcentage (arrondis au dixième).

2 À Berlin, le 16 août 2009, le Jamaïcain Usain Bolt a battu le record du monde du 100 mètres en 9 secondes 58.

1. En supposant que sa course ait été uniforme, calcule sa vitesse en m/s (arrondis à 0,01 près).

....

2. À cette vitesse, quelle distance parcourrait-il en une minute ?

....

....

3 Fanny Lascience a remarqué que, lorsqu'elle retourne sa montre chronomètre, certaines heures affichées sont les mêmes à l'endroit et à l'envers. **Quelles sont toutes les autres heures qui ont la même propriété ?**

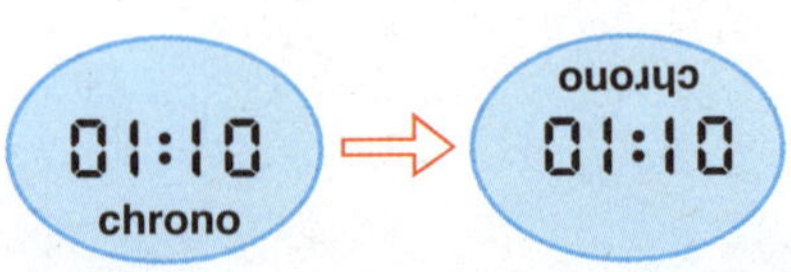

....

JEU

On dispose d'une cible coloriée comme ci-contre. On la fait tourner d'un demi-tour autour de son centre.

Dessine le résultat obtenu.

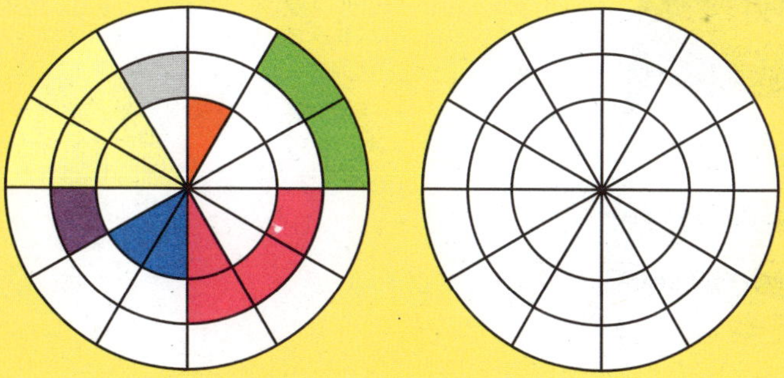

4 Aux jeux Olympiques de 1992, les médailles d'or pesaient 244,5 g ; celles d'argent 269 g et celles de bronze 224 g. Sur le tableau suivant, il y a le classement des pays au nombre de médailles gagnées et la masse totale de métal des médailles. Mais, dans le 2e tableau, les lignes représentant le nombre de médailles ont été mélangées ! **Attribue les lignes de médailles aux bonnes nations.**

Rang	Pays	Masse totale (g)
1	Équipe unifiée de l'ex-URSS	27 720
2	États-Unis	26 480,5
3	Allemagne	19 989,5
4	Chine	13 414
5	Cuba	7 501
6	Espagne	5 509,5
7	Corée du Sud	6 967
8	Hongrie	7 485,5
9	France	6 885
10	Australie	6 596,5

Nombre de médailles			
Or	Argent	Bronze	Pays
16	22	16	
7	9	11	
45	38	29	
13	7	2	
12	5	12	
11	12	7	
33	21	28	
8	5	16	
14	6	11	
37	34	37	

Incroyable mais vrai !

Le premier record du monde du 100 mètres officiellement reconnu est détenu en 1912 par l'Américain Donald Lippincott en 10,6 secondes. Il aura donc fallu attendre presque 100 ans pour que ce record soit amélioré d'un peu plus d'une seconde !

AU MENU :
- Échelle
- Volumes
- Calcul d'aires
- Opérations

Dieux du stade (2)

1 Le champion du monde Usain Bolt est né le 21 août 1986 près de Falmouth, en Jamaïque. **En utilisant la carte ci-dessous et son échelle, trouve la distance approximative, en km, qui le séparait de la capitale Kingston.**

2 On admet que les premiers jeux Olympiques antiques ont eu lieu en – 776 en Grèce. Une colonne de cette époque est constituée d'un cylindre de 10 mètres de haut, de 45 cm de diamètre, reposant sur un socle parallélépipédique à base carrée de 1 m de côté et de 15 cm d'épaisseur. **Calcule le volume de l'ensemble en m³ !**

3 **Relève les anomalies du texte suivant.**

Le village olympique couvre 80 hectares au nord de l'axe central de Pékin. Il comprend 42 immeubles de six à neuf étages. Le village est divisé en trois zones : une zone d'habitation, une zone internationale et une zone « opérationnelle ». Ses dimensions sont de 900 m de long pour 800 m de large (superficie totale de 660 000 m² dont 470 000 m² bâtis).

BON À SAVOIR

Le volume d'un parallélépipède rectangle de hauteur h, largeur l et profondeur p est égal à $h \times l \times p$.

JEU

Décode le message secret !

Chaque lettre est codée par un nombre entier. Pour connaître le code, il faut placer les 26 lettres de l'alphabet dans l'ordre sur un axe dont l'origine, le nombre 0, est la lettre S. En trouvant les abscisses des autres lettres, tu pourras décoder le message.

7	– 10	– 5	– 14	– 15	– 10	– 5	– 14

7	– 10	– 15	– 18	– 5	– 14

– 14	1

1	– 11	– 10	– 14	– 1	– 1	6

– 11	– 14	– 5	– 1	6

– 4	– 5	1

– 14	1	– 14

– 16	– 11	– 18	– 6	– 3	– 10	– 4	– 5	0

– 15	2

– 6	– 4	– 5	– 15	– 14

4 Hermès, Aphrodite et Apollon collectionnent les trophées. Aux derniers jeux Olympiques des dieux, Hermès et Aphrodite en ont obtenu 40 à eux deux, Aphrodite et Apollon en ont 42 à eux deux et Apollon et Hermes en ont eu 36 à eux deux. **Combien chaque dieu a-t-il eu de trophées ?**

....

....

5 Un terrain de handball mesure entre 18 et 25 mètres de longueur et entre 15 et 18 mètres de largeur.

a. Calcule la longueur moyenne puis la largeur moyenne et déduis-en l'aire moyenne.

....

....

....

b. Quelle est l'aire minimale d'un terrain de hand ? Quelle est l'aire maximale ?

....

....

Incroyable mais vrai !

La Norvégienne Sonja Henie, future médaillée d'or de patinage artistique, s'est classée 8e des J.O. de Chamonix en 1924, alors qu'elle n'était âgée que de 11 ans !

Maths

Victime de la mode (1)

1 Cet été, neuf boutiques de mode se sont mises sur le sable de la plage ! Elles ont dû se partager une zone carrée dont on voit le plan. **Colorie celle qui a pour aire 324 m² sachant que les deux qui sont coloriées ont pour côtés 10 m et 1 m.**

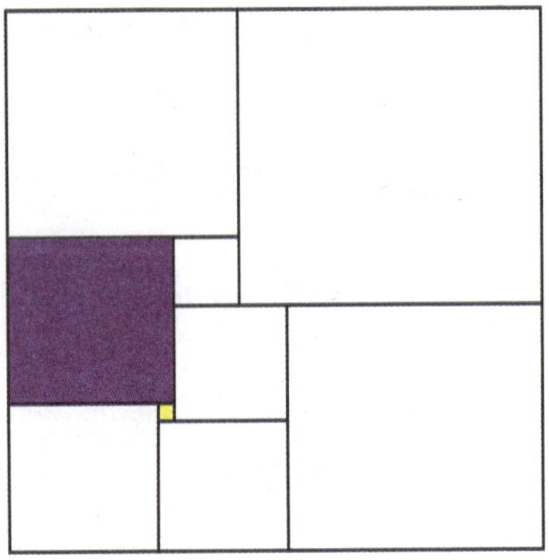

2 Le vendeur de tongs veut faire un site Internet où il présenterait une photo de tous ses modèles. Il en a de trois sortes : *normal*, *luxe* et *fashion*. Il propose quatre couleurs pour le modèle *normal*, deux pour le modèle *luxe* et six pour le modèle *fashion*. De plus, il propose en supplément trois types de motifs pour le modèle *normal* et cinq pour le modèle *luxe*. **Sachant qu'il doit prendre en tout 58 photos, combien propose-t-il de motifs pour le modèle *fashion* ?**

....

....

....

....

Maths

BON À SAVOIR

Si on ôte 20 % d'un prix, il reste 80 % de ce prix. Le prix après réduction est donc égal à 0,80 × *prix initial*. De même, après 15 % de réduction, le nouveau prix est égal à 0,85 × *prix initial*.

3 Pour sa coloration de cheveux, Jeremy utilise un mélange spécial : 5 ml de peinture rose, 7,8 cl de chocolat en poudre et 11,7 cl de glace à la framboise. **Détermine les volumes de ces sympathiques ingrédients pour 1 décilitre de colorant.**

....

....

....

4 Pour faire un caleçon de bain, Jessica a utilisé deux morceaux de tissu rectangulaires. Elle a ôté de chacun un morceau triangulaire de 40 cm de hauteur. **Quelle surface de tissu a-t-elle utilisée ?**

....

....

....

5 C'est les soldes ! Complète le tableau suivant.

Prix initial	Pourcentage de réduction	Prix après réduction
30 €	– 20 %	
	– 10 %	45 €
50 €	– 15 %	
45 €		36 €

JEU

Relie les participants de la régate à leur voilier !

C'est le départ de la régate. Karl a le bateau dont le numéro est un multiple de 7 et de 13. Kate a celui qui est multiple de 23 et de 3. Heidi celui qui est multiple de 3 et de 7, Dita celui multiple de 8 et de 7 et John celui qui reste.

Karl •	• 69
Kate •	• 104
Heidi •	• 910
Dita •	• 56
John •	• 420

Maths

AU MENU :
- Symétrie centrale
- Solides
- Nombres relatifs
- Repérages

Victime de la mode (2)

1 Entoure la paire d'intrus parmi ces chaussures.

2 Ce soir, il y a un défilé de mode sur la plage. Tous les accessoires ont été livrés par camions. Ils ont creusé deux ornières et Max le plagiste se dit qu'il va devoir les combler ! Il se dit aussi qu'elles ont à peu près la forme de demi-cylindres d'un rayon de 25 cm. **Quelle quantité de sable (en kg) devra-t-il charrier, sachant que les ornières s'étalent sur 40 mètres ?**

....

....

3 Le nom de la discothèque de la plage

1. Dans le tableau ci-dessous, on a écrit des points et leurs abscisses. Pour pouvoir lire le nom de la discothèque de la plage, place correctement ces points sur un axe.

Rectangle	a	e	i	p	r	t
Longueur en mm	– 9,85	– 9,67	– 9,98	– 9,99	– 9,93	– 9,78

Le nom de la discothèque est *Le* ....

BON À SAVOIR

La densité du sable sec varie, selon sa nature, de 1,7 à 1,9 kg par litre. En moyenne, il y en a 1 850 kg dans 1 m³.

2. Change les abscisses pour que, avec les mêmes lettres, on puisse lire sur l'axe les mots *patrie*, *partie*, *paître* puis *parité*.

Lettres	a	e	i	p	r	t
Abscisses pour ***patrie***						
Abscisses pour ***partie***						
Abscisses pour ***paître***						
Abscisses pour ***parité***						

4 Pour fêter son arrivée au club des surfeuses, Coline commande 15 tartelettes, 50 choux à la crème, 30 minibarres aux céréales, 25 éclairs au chocolat et 15 bouteilles de soda. Une tartelette coûte 0,90 €, un chou 1,20 €, une minibarre 0,25 €, un éclair 1,80 € et une bouteille de soda 1,80 €. **Écris la suite d'opérations permettant de calculer le montant de la facture puis effectue le calcul.**

....

5 Un parfumeur situé au point G parcourt un chemin qui le mènera jusqu'au point N en découvrant le maximum de fleurs. Il peut passer d'un point à un autre uniquement dans deux cas :

– si l'abscisse du premier point est égale à l'opposée de celle du suivant ;

– si l'ordonnée du premier point est égale à l'opposée de celle du suivant.

En écrivant les lettres dans l'ordre de passage, on obtient le nom d'un grand parfumeur français.

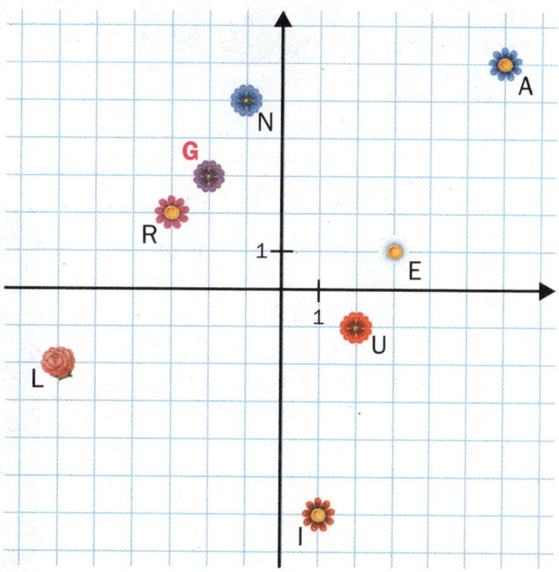

JEU

Une tomate de 100 g contient 99 % d'eau. Après avoir passé quelque temps au soleil à se faire bronzer, elle ne renferme plus que 98 % d'eau.

Quelle est alors la masse de la tomate ?

....

Docu-malin

Le nombre 666 et autres diableries...

Voici une récréation diablement rythmée : pour les malins, les malines, sans malignité aucune. Juré, c'est captivant. Croix de bois, croix de fer, si je mens, je vais en enfer. Et si le diable était un mathématicien méconnu ?

Vous avez dit 666 ?

Le nombre 666 est un peu particulier. Certains le considèrent comme le nombre du diable. Pourquoi ? Parce que, dans la Bible, et précisément dans le récit de l'Apocalypse de Jean (chapitre XIII, verset 18), il est écrit que le nombre du diable est égal à 666. Brrrr...
Et savez-vous qu'il existe un mot particulier pour désigner la peur de ce nombre ? Il s'agit de l'hexakosioihexekontahexaphobie... À vos souhaits !

Nom de Di...able !

Le Diable n'a pas qu'un nom. Lucifer, Méphistophélès ou simplement Méphisto, Belzébuth, le Malin, Satan, le Démon, le Tentateur, le Maudit, le Mauvais Ange : voilà quelques-uns de ses doux noms de... baptême !

Les pavés du diable

Satan règne sur les Enfers. Il doit être un habile paveur puisque l'enfer est pavé de bonnes intentions…
Cette expression signifie qu'on peut faire le mal sans en avoir l'intention. Et de *Satan* à *pavés*, il n'y a que quelques pas car, en changeant une seule lettre à la fois, on peut passer de l'un à l'autre : SATAN, SANTÉ, VASTE, PAVÉS. Un pavage est un recouvrement fait avec des motifs qui s'emboîtent sans se chevaucher et sans laisser de trous. Pas besoin de dons diaboliques pour en réaliser un : prenez un motif à quatre côtés, construisez ses symétriques par rapport aux milieux des côtés ; recommencez autant de fois que vous voulez.

Quand la magie devient diabolique

1	14	4	15
8	11	5	10
13	2	16	3
12	7	9	6

En plus de son état de paveur émérite, ce brave Satan s'associe à certains carrés magiques pour en faire des carrés diaboliques ! Le carré ci-contre est diabolique car il est bien sûr magique (la somme des lignes, des colonnes et des diagonales est égale à 34) mais il est plus que cela : additionnez les quatre coins, partagez-le en quatre petits carrés et faites la somme de leurs nombres, additionnez les quatre nombres du centre, additionnez les deux nombres dans le milieu de la ligne supérieure et les deux nombres dans le milieu de la ligne inférieure, faites de même sur les côtés, additionnez les nombres de même couleur… Vous trouverez toujours 34. C'est vraiment diabolique !

Maths

Quiz-bilan

Pour s'évaluer !

Ce mini-quiz va t'aider à vérifier que tu as bien intégré les notions de maths du programme de 5e. Réponds aux questions, puis compte le nombre de réponses correctes que tu as trouvées. La fourchette donnée page ci-contre t'aidera à te situer dans tes acquis.

1 Les nombres inférieurs ou égaux à 0 sont des nombres :
- **a.** ☐ positifs.
- **b.** ☐ négatifs.
- **c.** ☐ qui n'existent pas.

2 $-8-12=?$
- **a.** ☐ 20
- **b.** ☐ – 4
- **c.** ☐ – 20

3 $2+3\times 4=?$
- **a.** ☐ 20
- **b.** ☐ 14
- **c.** ☐ – 20

4 L'équation $x+4=2x-2$ a pour solution :
- **a.** ☐ 6
- **b.** ☐ 1
- **c.** ☐ –1

5 L'égalité $x+4y=6$ est vraie à condition que :
- **a.** ☐ $x=1$ et $y=2$
- **b.** ☐ $x=6$ et $y=0$.
- **c.** ☐ $y=-2$ et $x=0$.

6 Est-il possible de simplifier $\frac{42}{48}$ par 6 ?
- **a.** ☐ Oui.
- **b.** ☐ Non.
- **c.** ☐ On ne peut savoir.

7 632 est un multiple de :
- **a.** ☐ 9
- **b.** ☐ 4
- **c.** ☐ 3

8 $\frac{63}{72}=?$
- **a.** ☐ $\frac{7}{8}$
- **b.** ☐ $\frac{9}{8}$
- **c.** ☐ $\frac{9}{9}$

9 Laquelle de ces propositions est vraie ?
- **a.** ☐ $\frac{81}{71}=\frac{8}{7}$
- **b.** ☐ $\frac{8}{7}<\frac{71}{81}$
- **c.** ☐ $\frac{8}{7}>\frac{71}{81}$

10 Dans ma classe, 4 élèves sur 5 sont droitiers, donc :
- **a.** ☐ plus de 90 % des élèves de ma classe sont droitiers.
- **b.** ☐ il y a 80 % d'élèves droitiers dans ma classe.
- **c.** ☐ il y a moins de 75 % d'élèves droitiers dans ma classe.

11 Laquelle de ces propositions est vraie ?
- **a.** ☐ $\frac{21}{40}\times\frac{5}{7}=\frac{3}{8}$
- **b.** ☐ $\frac{3}{8}\times\frac{5}{8}=\frac{15}{8}$
- **c.** ☐ $\frac{2}{3}\times 5=\frac{10}{15}$

12 5 % de 160 € c'est :
- **a.** ☐ 5 €
- **b.** ☐ 8 €
- **c.** ☐ 32 €

13 Le résultat de $3\times 8+7\times 5-5\times 4$ est :
- **a.** ☐ 205
- **b.** ☐ 0
- **c.** ☐ 39

14 « 9 fois x + 9 fois y » peut aussi s'écrire :
- **a.** ☐ $9\times x\times y$
- **b.** ☐ $9\,(x+y)$
- **c.** ☐ $9\,(x+9y)$

15 **Si $a = 1$ et $b = 2$ alors, $3a + 2b$ est égal à :**

a. ☐ 7

b. ☐ 31 + 22

c. ☐ 53

16 **J'achète 3 stylos et un cahier à 2,5 € et je paie en tout 13 €. Si on appelle x le prix d'un stylo, une équation traduisant ce problème est :**

a. ☐ $3x + 2{,}5 = 13$

b. ☐ $x + 2{,}5 = 13$

c. ☐ $13 - x = 2{,}5$

17 **Quelles sont les fractions rangées dans l'ordre décroissant ?**

a. ☐ $\frac{31}{36} < \frac{8}{9} < \frac{5}{4} < \frac{4}{3}$

b. ☐ $\frac{4}{3} > \frac{5}{4} > \frac{8}{9} > \frac{31}{36}$

c. ☐ $\frac{31}{36} > \frac{8}{9} > \frac{5}{4} > \frac{4}{3}$

18 **Quel pourcentage représente 8 kg sur 25 kg ?**

a. ☐ 8 %

b. ☐ 25 %

c. ☐ 32 %

19 **Le quotient de la division de 4,5 par 3,6 est égal à :**

a. ☐ 0,9

b. ☐ $\frac{5}{4}$

c. ☐ $\frac{4{,}5}{36}$

20 **Laquelle de ces propositions est vraie ?**

a. ☐ $\frac{4}{9} + \frac{5}{36} = \frac{21}{36}$

b. ☐ $\frac{4}{9} + \frac{5}{36} = \frac{9}{36}$

c. ☐ $\frac{4}{9} + \frac{5}{36} = \frac{21}{36}$

21 **Un prisme droit dont les deux bases sont des quadrilatères possède :**

a. ☐ 8 sommets.

b. ☐ 8 faces.

c. ☐ 6 arêtes latérales.

22 **Un prisme droit de hauteur 50 cm et de base un polygone d'aire 9 mm² a un volume de :**

a. ☐ 45 cm³

b. ☐ 0,45 L

c. ☐ 0,0045 dm³

> *corrigés page X*

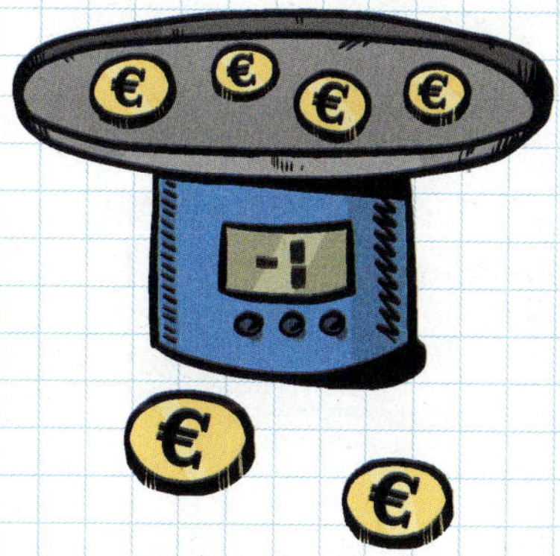

RÉSULTATS

→ **Si tu as entre 16 et 22 :**
Bravo ! Tu es prêt(e) pour la 4ᵉ.

→ **Si tu as entre 8 et 16 :**
Il faut que tu révises quelques notions ! Refais les exercices sur lesquels tu as rencontré le plus de difficultés.

→ **Si tu as entre 0 et 8 :**
Attention ! Il faut revoir le programme ! Reprends les exercices, lis attentivement les corrigés et essaie de les refaire et de trouver la solution par toi-même.

AU MENU :

- *Be, have got*, questions ouvertes
- Exprimer le goût
- Comparatif et superlatif

The London Tube (1)

The first underground railway in the world opened in London on January 10th, 1863! The Central line, one of the earliest lines, was also called the "Two-penny Tube". That nickname was soon given to the entire underground network. The most recent line is the Bakerloo line. It was opened in 1906.
Today, the Tube is the longest underground system in the world. It has got 11 lines and about 400 km – 250 miles – of track, 45% of which being tunnels. The deepest station is Hampstead, which is located 67.4 meters below street level.
In the Tube, people are like car drivers: on the escalators, they stand on the right hand-side!
"Mind the gap!" is the world-famous sentence that you can hear when your train stops at certain platforms.
The Tube has got a logo called the "roundel". It is a red circle with a blue name bar. Nowadays it comes in different colours… according to the colours of the lines. Have a look at the map of the Tube!

1 Complète le petit texte suivant en conjugant *be* ou *have got*.

There .... 270 tube stations in London. Some lines .... located underground but others .... subsurface and you can enjoy the view of the city. The busiest station .... King's Cross St Pancras. Today, the Tube .... a paying system with "credit cards" that .... a funny name: "oysters" (*huître*).

BON À SAVOIR

Conjugaison de *be* à la forme affirmative pleine :
I am – you are – he/she/it is – we/you/they are.
Conjugaison de *have got* à la forme affirmative pleine :
I/you have got a Travelcard – he/she/it has got a Travelcard – we/you/they have got Travelcards.

2 Voici une interview d'un conducteur de métro par un journaliste de la BBC. Relie les questions aux réponses correspondantes.

1. When did you start your job here?
2. Who is your supervisor?
3. Where did you train?
4. Which lines have you already worked on?
5. What makes your job difficult?

a. Well, you see, my job requires a lot of concentration.
b. I started with the Central line then I did the brown line and now, I'm on Victoria line.
c. In 2001. I was 25.
d. Mr. Flemings. He's a very strict boss.
e. There is a special training you have to attend and that is organized by L.T., London Transport that is.

3 Teddy, jeune sportif australien, vient d'arriver à Londres. Il a été sélectionné pour effectuer un stage de cricket de très haut niveau pendant le mois d'août. Sa mère le contacte depuis Sidney pour savoir si tout s'est bien passé.

Who   Where   Why   How   What   When

a. .... is the weather like? Pretty sunny actually.
b. .... did you arrive? At 3 p.m.
c. .... is Mr. Black? He is our English guide.
d. .... are you staying? With a nice family near Clapham junction.
e. .... didn't you call earlier on? Because I had to unpack.
f. .... many friends are staying with you? We are two boys staying with the same family.

JEU

Trouve le nom de la ligne de métro cachée !

Traduis en anglais les adjectifs suivants, puis mets les lettres soulignées en rouge dans le bon ordre.

facile → _ _ _ _
difficile → _ _ _ _ _ _ _ _ _
rapide → _ _ _ _ _
intelligent → _ _ _ _ _ _ _ _ _ _ _
génial → _ _ _ _ _

....

AU MENU :

- Be, have got, questions ouvertes
- Exprimer le goût
- Comparatif et superlatif

The London Tube (2)

1 Remets les mots des phrases dans le bon ordre.

a. The Distrit line/the/number/biggest/of/stations/serves.

....

b. is/The Bakerloo line/recent/more.

....

c. There are/people/at 7 p.m./more/than/at 11 p.m.

....

d. Ron/chess/plays/than/better/Harry.

....

2 Trouve les adjectifs opposés puis mets-les à la forme comparative ou superlative comme dans l'exemple.

Exemple : silly	***interesting***	*more* ***interesting*** *than*
a. short	t _ _ _	the _ _ ll _ _ _
b. slow	q _ _ _ _	_ _ i _ _ _ _ than
c. easy	di _ _ _ _ _ _ _	more _ _ _ _ _ _ _ _ _ _ than
d. bad	_ oo _	b _ _ _ _ _ than

3 Voici ce que Harry et ses amis aiment ou n'aiment pas faire à Londres. Complète les phrases à l'aide des verbes en *-ing* suivants.

taking *tasting* *going* *talking*

a. Harry likes .... to his friends.

b. Hermione enjoys .... shopping.

c. Ron loves .... the Tube.

d. Hermione likes .... new sweets.

Anglais

BON À SAVOIR

- Si l'adjectif est court (1 ou 2 syllabes) ou se termine par *y*, on ajoute *-er* pour le comparatif et *-est* pour le superlatif, le *y* final devient un *i*. Ex. : *tall* → *Ron is taller than Harry* et *Ron is the tallest child in the group.*
- Si l'adjectif est long (plus de 2 syllabes), on ajoute *more* avant pour le comparatif et *the most* pour le superlatif. Ex. : *interesting* → *My first visit was more interesting than my second* et *The first museum we visited was the most interesting one.*

4 À Londres, quand on me dit ... , je peux dire ... . Relie les propositions qui vont ensemble.

Quand on me dit :

1. Thank you!
2. Oxford Circus, please?
3. See you tonight!
4. I'm sorry!
5. Where do you come from?

je peux dire :

a. That's on your left.
b. You're welcome!
c. That's all right!
d. See you then!
e. From France.

5 Tu te trouves à côté de la station Waterloo et tu voudrais te rendre à Notting Hill. Lequel de ces conseils vas-tu suivre ? Vérifie avec le plan !

a. You should take the Jubilee line, go up to Bond Street and change there.
b. You have to take the Jubilee line, northbound that is, change at Bond Street, take the central line and get off at Notting Hill Gate.
c. You certainly have to take the Central line, Notting Hill is on the red line, you see.
d. Just take the Jubilee line southbound and that's it! Easy, isn't it?

Réponse : ....

JEU

Trouve l'intrus !

St Paul's — Holborn — Oxford Circus — St James's Park — Lancaster Gate

....

Incroyable mais vrai !

Le *Tube* peut être un cauchemar quand on le prend le matin à l'heure de pointe, mais il a inspiré bien des romanciers. Dan Brown, par exemple, situe de très belles scènes de son *Da Vinci Code* dans le métro, JK Rowling aussi dans *Harry Potter et l'Ordre du Phénix*... Plusieurs centaines de réalisateurs demandent chaque année l'autorisation de tourner dans le célèbre métro londonien !

AU MENU :
- Can/can't, must/mustn't
- Needn't/don't need to
- Could, should
- Be allowed to

Birthday party games! (1)

It's your birthday today and you're giving a big party. You welcome your friends. You unwrap your presents! You eat your birthday cake! And then… It's time to play games!!!

1 Voici une liste de jeux. Complète les règles en utilisant *has to*, *have to*, *can*, *can't*.

a. The Forbidden Letter

One of you asks a question. When you answer, you .... use any word including that letter.

b. Murder Mystery

You .... find who the murderer is.

c. Music Memory

Play a song on your stereo. The first of your friends who .... say the name of the singer is the winner.

d. Who am I?

Write the name of a famous person on a post-it and stick it on one of your friends' forehead. Your friend .... guess the name.

e. Musical Chairs

You have invited 12 friends. Place 11 chairs and play a good CD. All your friends have to walk around the chairs. Suddenly, you stop the music and everybody has to sit down really quickly. But one of them .... sit down! He/She has lost and is out of the game. Then remove one more chair and start playing the music again!

2 Forme des phrases logiques en reliant les débuts aux fins correspondantes.

1. Mrs. Jones has to •
2. Ben doesn't need •
3. He can e-mail •
4. His parents allowed •

• **a.** him to invite all his friends.
• **b.** make a birthday cake for her son's birthday.
• **c.** them his invitation card.
• **d.** to call all his friends.

Anglais

BON À SAVOIR

Les auxiliaires modaux sont toujours suivis d'une base verbale et ne prennent pas de « s » à la 3e personne du singulier.
Can** I go to his party?* **→ Est-ce que je peux aller à sa fête ? –** ***Max could bring a cake. **→ Max pourrait apporter un gâteau. –** ***You needn't take the bus, I'll drive you there.*** **→ Tu n'as pas besoin de prendre le bus, je vais t'y conduire. –** ***You must say hello to his mother.*** **→ Tu dois dire bonjour à sa mère. –** ***She should buy him a present.*** **→ Elle devrait lui acheter un cadeau.**

3 Que doit-on habituellement faire lorsque l'on est invité à un anniversaire ? Coche les bonnes réponses.

Be allowed to… = avoir le droit de faire quelque chose

a. You mustn't do your homework during the party. ☐
b. You should bring a present with you. ☐
c. You mustn't bring any fruit juice. ☐
d. You could bring some biscuits or something to drink if you like. ☐
e. You're not allowed to bring a present. ☐
f. You needn't come with your 2 brothers, 3 sisters and 5 cousins… ☐
g. You can help your friends clean up the room after the party. ☐

4 Deux des phrases suivantes veulent dire la même chose. Lesquelles ?

a. Mark can invite some friends for his birthday party.
b. You can't go to Mark's party because you have a temperature.
c. You needn't go to Mark's party because you don't like Mark.
d. Mark is allowed to invite some friends for his birthday party.
e. Mark can go to his brother's party.

Réponse : ....

JEU

C'est l'anniversaire de Trevor aujourd'hui. Mais… quel âge a-t-il ?

Trevor is Derek's little brother. Derek is fifteen and a half. Trevor and Sharon are in the same class at school. Sharon celebrated her thirteenth birthday last week. She is the youngest pupil in the class because she skipped a class last year. Trevor's little sister is ten.

Réponse : ....

AU MENU :

- Can/can't, must/mustn't
- Needn't/don't need to
- Could, should
- Be allowed to

Birthday party games! (2)

1 Ajoute le modal qui convient parmi ceux proposés.

can't – needn't – can – should

a. You .... go to that shop on Bean Street. They sell very good mangas!

b. Poor Mark! He .... go to his best friend's birthday party. He's got a temperature.

c. .... I take your stereo for my party, please?

d. You .... run. You're early enough. The party is only starting in 20 minutes!

e. He .... go sailing. There's a tempest!

2 Relie chaque problème à sa solution.

1. Sam's face is all red because of the sun. •
2. Danny's father is thirty-five today. •
3. Vicky doesn't know how to play tennis. •
4. You want to win the tennis tournament. •

• **a.** You must train!
• **b.** He could buy him a present.
• **c.** He should put some cream on.
• **d.** You could show her.

3 Coche la notion exprimée dans chaque phrase.

a. Can I play with you?

☐ permission ☐ obligation

b. You must obey the rules.

☐ obligation ☐ capacité

c. I can hear you. You needn't shout.

☐ permission + absence d'obligation ☐ capacité + absence d'obligation

d. They can't find the answer.

☐ capacité ☐ incapacité

Anglais

4 Que signifient les phrases suivantes ? Relie chaque interdiction à sa signification.

1. No dogs allowed. •
2. Please shower before entering the pool. •
3. No food or drink allowed in the museum. •
4. No crossing •

• **a.** It means that you can't eat and you can't drink when you're in the museum.

• **b.** It means that you can't walk your dog on the grass.

• **c.** It means that you can't cross the road here because it's dangerous.

• **d.** It means that you must have a shower before diving into the pool.

Sais-tu lire un sms?

Retranscris les sms suivants en toutes lettres. Lis-les d'abord à voix haute, c'est plus facile !

a. R U OK? ....

b. C U @ 5! ....

c. Talk 2 U L8R! ....

d. OK 4 2day. ....

e. OK THKX! ....

f. PLZ!!! ....

5 Coche l'endroit où se trouvent Jenny, Izzie et Simon.

1. Jenny can't keep her shoes on. She also has to tie up her hair or put a bathing cap on.

☐ **a.** tennis court ☐ **b.** cinema ☐ **c.** swimming pool

2. Izzie has to keep silent in this dark room.

☐ **a.** tennis court ☐ **b.** cinema ☐ **c.** swimming pool

3. Simon should concentrate more and respect the white lines.

☐ **a.** tennis court ☐ **b.** cinema ☐ **c.** swimming pool

Incroyable mais vrai !

Le jeu préféré de Winston Churchill était le Monopoly.

AU MENU :

→ Présent en *-ing*

→ Présent simple

Sherlock Holmes

Sherlock Holmes is a fictional detective created by Sir Arthur Conan Doyle, a British author. Sherlock Holmes lives at 221B Baker Street in London and works as a "consulting detective". He has got his own private detective agency. He is brilliant and world-famous for his intellectual capacities. His skills are observation and deductive reasoning. He can solve the most difficult cases! Dr Watson is Holmes's friend and biographer.
Sir Arthur Conan Doyle wrote sixty stories with Sherlock Holmes. *The Hound of the Baskervilles* is probably his most famous book. Sherlock Holmes always makes great use of trace evidence like fingerprints, footprints and handwriting analysis, for example. Today, Sherlock Holmes remains an inspiration for forensic science.

1 Relie les expressions anglaises du texte à leur traduction.

1. fingerprints •	• **a.** les affaires les plus difficiles
2. deductive reasoning •	• **b.** empreintes digitales
3. the most difficult cases •	• **c.** raisonnement par déduction
4. footprints •	• **d.** empreintes de pas
5. forensic science •	• **e.** la médecine légale

2 Complète les phrases suivantes au *present continuous* (*be* + *-ing*) à l'aide de *talk*, *study*, *investigate*.

a. Look! Holmes .... new footprints.

b. The detective .... upon a new crime.

c. Holmes and Watson .... about their new case.

JEU

À toi de jouer, mon cher détective !

Voici une scène de cambriolage. Observe-la bien et coche l'indice le plus déterminant pour ton enquête. Il faut dire que le cambrioleur s'est un peu affolé !

the broken window ☐ the footprints ☐

the stolen jewels ☐ the fingerprints ☐

the message on the mirror ☐

Anglais

BON À SAVOIR

- On emploie le présent continu quand on parle d'une action en train de se dérouler. On utilise l'auxiliaire *be* suivi de la base verbale en *-ing*. Ex. : *Sherlock Holmes **is checking** the fingerprints.* (Sherlock Holmes est en train de vérifier les empreintes digitales.)
- On emploie le présent simple quand on veut exprimer une habitude, un goût ou une vérité générale. On utilise la base verbale à toutes les personnes sauf à la 3e personne du singulier pour laquelle on ajoute s ou es. Ex. : *Dr. Watson always writes down the detective's investigations.* (Le Dr. Watson note toujours les enquêtes du détective.)

3 Les phrases suivantes expriment-elles une action en cours ou une action habituelle ?

	Action en cours	Action habituelle
a. Sherlock Holmes is meeting Sir Charles Baskerville.	☐	☐
b. The great detective always uses deductive reasoning.	☐	☐
c. Dr. Watson writes down all the details of his adventures with Holmes.	☐	☐
d. Sherlock Holmes smokes his pipe.	☐	☐

4 Au présent simple, on ajoute « s » ou « es » à la base verbale à la 3e personne du singulier. Corrige donc les phrases suivantes lorsque c'est nécessaire.

a. Holmes lives on Baker Street. ....

b. Dr Watson write Holmes's biography. ....

c. Watson and Holmes investigate upon the same cases. ....

d. Holmes love observing things and people. ....

5 Tu es le nouveau Sherlock Holmes et tu te trouves sur la scène du crime. Que fais-tu ?

a. I take pictures of the victim.	OUI ☐	NON ☐
b. I clean up the place.	OUI ☐	NON ☐
c. I check the victim's identity.	OUI ☐	NON ☐
d. I brush my hair and cut my nails.	OUI ☐	NON ☐
e. I write down all the information I can get.	OUI ☐	NON ☐

Incroyable mais vrai !

La fameuse phrase que tu connais bien, « *Élémentaire, mon cher Watson !* », date au moins de 1929, c'est-à-dire du premier film parlant mettant en scène Sherlock Holmes. Conan Doyle, lui, avait bien sûr écrit en anglais : « *It's simplicity itself!* ».

AU MENU :

- Prétérit
- Prétérit *be* + *-ing*
- Futur

Barack Obama

Barack Obama was born on August 4th, 1961 in Honolulu, Hawaii. He married Michelle Robinson on October 3rd, 1992.
He is the 44th President of the United States of America and he is the first African American to hold that office. He says that his family is like "a little mini-United Nations" as they all come from different countries all over the world.
He graduated from Harvard Law School. He announced his candidacy for President of the United States in February 2007 and was inaugurated as President on January 20th, 2009. Joe Biden is his vice-President.
On October 9th, 2009 Obama was awarded the 2009 Nobel Peace prize.

1 Vrai ou faux ?

a. Barack Obama was born on July 4th, 1961. Vrai ☐ Faux ☐
b. Barack Obama is the first President born in California. Vrai ☐ Faux ☐
c. Barack Obama graduated from Harvard Law School. Vrai ☐ Faux ☐
d. Barack Obama was awarded the Nobel Peace Prize in 2007. Vrai ☐ Faux ☐

2 Mets les phrases suivantes au passé en utilisant le prétérit.

Attention : le verbe de la phrase peut être irrégulier !

a. Barack Obama announces his candidacy.

....

b. Michelle Robinson marries Barack Obama.

....

c. Barack Obama graduates from Harvard.

....

d. He runs for President.

....

3 Relie les parties des phrases qui correspondent. La première série exprime une action en cours dans le passé. La deuxième série exprime une action courte venue interrompre la première.

1. Barack Obama was delivering a speech •
2. Michelle Obama was writing a letter •
3. Barack Obama was running for Presidency •

• **a.** when his grandmother died.
• **b.** when his mobile rang.
• **c.** when her daughter called her.

BON À SAVOIR

On emploie le **prétérit *be* + *-ing*** pour décrire une action qui était en train de se dérouler.
Ex. : *He was listening to the radio.* (Il écoutait la radio.)

4 **À quels temps sont les phrases suivantes ? Prétérit, prétérit *be* + *-ing*, présent ou présent *be* + *-ing* ?**

a. Barack Obama became President in 2009. ....

b. Who is Joe Biden? ....

c. Barack Obama is working on a health care reform for his country. ....

d. Michelle was giving an interview when... ....

5 **Que feras-tu l'année prochaine ? Utilise le futur avec *will*, comme dans l'exemple et en utilisant les verbes *to learn*, *to get*, *to go*, *to be*.**
Exemple : Next year, I will learn how to dive! (L'an prochain, j'apprendrai à plonger !)

a. Next year, I .... a surf champion!

b. Next year, I .... to the cinema!

c. Next year, I .... Spanish!

d. Next year, I .... excellent marks!

JEU

Trouve les dix mots cachés horizontalement et verticalement dans cette grille !

H	A	P	P	Y	R	O	M	I	R
K	I	R	O	A	D	A	G	A	R
P	I	E	E	N	N	E	F	N	Y
W	A	S	H	I	N	G	T	O	N
Y	Z	I	D	E	A	W	H	U	S
E	M	D	A	N	N	I	K	W	M
S	R	E	S	U	L	T	I	L	A
O	N	N	T	R	A	V	D	E	R
V	O	T	E	P	O	U	R	U	T

Incroyable mais vrai !

Barack Obama a fait le signe « shaka » lors de son discours d'inauguration. Ce signe hawaïen signifie OK.

Have you got talent?

Do you like singing, dancing or acting? Are you a wonderful amateur on stage? Apply for Britain's Got Talent and compete nationally!

Incredible!

You only need to be good and show your talent. Mind you, one evening, a competitor proudly played his nose, singing with his nose that is. The judges were desperate. That was horrible to listen to!

Audience records

Some sociologists have studied that type of TV entertainment and declared that it was a pure "freak show" because deficiencies are applauded just as much as performances. Besides, the audience enjoys putting pressure on the contestants.
On the evening Susan Boyle sang, over 11 million people watched the show!
There was a recording of her performance on You Tube and… more than 100 million people actually viewed her!

What could you win?

If you win the competition, you will receive a very nice amount of money – about £ 100 000 – and perform in front of… Madonna? No! Barack Obama? No! You will perform in front of the Queen!

If you lose…

Now, if you lose the competition, you will have performed and got admired by millions of TV viewers anyway and you will be so proud for sure… or terribly vexed!
Paul Potts, an opera singer, was the first winner in 2007, then George Sampson, a great street-dancer in 2008. In 2009, the most famous competitor ended up second only. Her name was Susan Boyle. Ever heard her wonderful voice? Her singing "I dreamed a Dream" – from the musical *Les Misérables* – just marvelled the judges!

Quiz-bilan

Pour s'évaluer !

Ce mini-quiz va t'aider à vérifier que tu as bien intégré les notions d'anglais du programme de 5e. Réponds aux questions, puis compte le nombre de réponses correctes que tu as trouvées. La fourchette donnée en bas de page t'aidera à te situer dans tes acquis.

1 ***What's the hero's name?* Quelle réponse correspond à cette question ?**
a. ☐ Harry.
b. ☐ Twelve.
c. ☐ In the bedroom.

2 **Quelle phrase est correcte parmi les propositions suivantes ?**
a. ☐ He have green eyes.
b. ☐ He have got green eyes.
c. ☐ He has got green eyes.

3 **Quel mot permet d'interroger sur le lieu ?**
a. ☐ where
b. ☐ when
c. ☐ who

4 **Quel mot permet d'interroger sur la cause ?**
a. ☐ what
b. ☐ why
c. ☐ who

5 **Quelle est la forme comparative de l'adjectif *tall* ?**
a. ☐ tallest than
b. ☐ taller than
c. ☐ more tall than

6 **Quelle est la forme comparative de l'adjectif *intelligent* ?**
a. ☐ intelligenter than
b. ☐ the most inelligent
c. ☐ more intelligent than

7 **Quel est le superlatif de *good* ?**
a. ☐ the goodest
b. ☐ the better
c. ☐ the best

8 ***He was playing with his friends.* Cette phrase est :**
a. ☐ au passé
b. ☐ au présent
c. ☐ au futur

9 ***Can I go to his birthday party?* Qu'exprime cette phrase ?**
a. ☐ une permission
b. ☐ une obligation
c. ☐ une interdiction

10 ***You can't run near the swimming pool.* Qu'exprime cette phrase ?**
a. ☐ une permission
b. ☐ une obligation
c. ☐ une interdiction

11 **Quelle phrase est au prétérit simple ?**
a. ☐ That detective always looks for evidence.
b. ☐ That detective always looked for evidence.
c. ☐ That detective has always looked for evidence.

12 ***I'm going to the beach.* À quel temps est cette phrase ?**
a. ☐ Au présent simple.
b. ☐ Au présent continu.
c. ☐ Au *present perfect*.

> corrigés page XI

RÉSULTATS

→ **Si tu as entre 9 et 12 :**
Bravo ! Tu es prêt pour la 4e.

→ **Si tu as entre 6 et 9 :**
Il faut que tu révises quelques notions ! Refais les exercices sur lesquels tu as rencontré le plus de difficultés.

→ **Si tu as entre 0 et 6 :**
Attention ! Il faut revoir le programme ! Reprends les exercices, lis attentivement les corrigés et essaie de les refaire et de trouver la solution par toi-même.

Quiz-bilan toutes matières

▶ Pour bien aborder la rentrée !

Ce quiz-bilan va te permettre de faire le point sur toutes les matières, avec des questions en **Français, Maths, Anglais, Histoire-Géographie, Éducation civique, Sciences** et en **Histoire des arts.**
Pour vérifier tes réponses, reporte-toi aux corrigés.
Le total de tes résultats t'indiquera si tu es prêt(e) pour aborder la rentrée !

Français

1 Comment reconnaît-on une phrase simple ?

a. ☐ Elle n'a pas plus de quatre mots.
b. ☐ Elle n'a qu'un verbe conjugué.
c. ☐ Elle a plusieurs verbes conjugués.

2 Laquelle de ces affirmations est juste ?

a. ☐ Tous les verbes se conjuguent de la même façon à l'imparfait.
b. ☐ À l'imparfait, les verbes se conjuguent selon leur groupe.
c. ☐ Au passé simple ou à l'imparfait, c'est la même conjugaison.

3 Qu'est-ce qu'un verbe intransitif ?

a. ☐ Un verbe qu'on ne peut pas conjuguer.
b. ☐ Un verbe qui ne peut avoir de COD ou de COI.
c. ☐ Un verbe sans sujet.

4 Laquelle de ces trois propositions est une expansion du groupe nominal ?

a. ☐ Un complément du nom.
b. ☐ Un attribut du sujet.
c. ☐ Un verbe à l'infinitif

5 Quelle est la fonction d'une proposition subordonnée relative ?

a. ☐ Elle complète l'antécédent.
b. ☐ Elle est sujet du verbe.
c. ☐ Elle est COD de la proposition principale.

6 Que trouve-t-on le plus souvent dans une phrase complexe ?

a. ☐ Un sujet et un verbe.
b. ☐ Une proposition principale et une ou plusieurs subordonnées.
c. ☐ Un sujet, un verbe et un complément.

7 À quoi sert un connecteur temporel ?

a. ☐ Il donne des indications sur les étapes de l'action.
b. ☐ Il permet de faire des phrases plus longues.
c. ☐ Il indique où se passe l'action.

8 Qu'appelle-t-on des synonymes ?

a. ☐ Des mots qui ont le même sens.
b. ☐ Des mots que l'on peut confondre.
c. ☐ Des mots qui s'écrivent de la même façon.

9 Avec quel mot le verbe doit-il s'accorder ?

a. ☐ Avec l'adjectif qualificatif.
b. ☐ Avec le déterminant.
c. ☐ Avec le sujet.

10 Quel mot sert à introduire un complément du nom ?

a. ☐ Un adverbe de lieu.
b. ☐ Une préposition.
c. ☐ Un verbe conjugué.

11 Dans une phrase, qu'est-ce qu'une proposition ?

a. ☐ Un groupe de mots comportant un verbe conjugué.
b. ☐ Un groupe de mots.
c. ☐ Un nom accompagné de son déterminant.

12 Qu'est-ce qu'une phrase impérative ?

a. ☐ Une phrase qui décrit une situation.
b. ☐ Une phrase qui raconte une action.
c. ☐ Une phrase qui donne un ordre, un conseil ou une interdiction.

13 Qu'est-ce qu'une phrase interrogative ?

a. ☐ Une phrase qui décrit un paysage ou un personnage.
b. ☐ Une phrase qui pose une question.
c. ☐ Une phrase qui donne un ordre ou un conseil.

14 Quel est le contraire d'une phrase négative ?

a. ☐ Une phrase affirmative.
b. ☐ Une phrase déclarative.
c. ☐ Une phrase interro-négative.

15 Comment trouve-t-on le COD dans une phrase ?

a. ☐ On cherche le sujet du verbe.
b. ☐ On pose la question « qui ? » ou « quoi ? » après le verbe conjugué.
c. ☐ On cherche où s'est passée l'action.

16 Qu'est-ce que l'antécédent ?

a. ☐ C'est le COD du verbe.
b. ☐ C'est l'attribut du sujet.
c. ☐ C'est le mot placé avant la subordonnée relative et complété par elle.

> *Corrigés page XII*

Résultats

Français

→ Entre 10 et 16 bonnes réponses : Bravo ! tu es prêt(e) à aborder les cours de Français de la prochaine rentrée en toute sérénité.

→ Entre 0 et 9 bonnes réponses : Revois les notions sur lesquelles tu as rencontré le plus de difficultés.

Maths

1 J'achète 15 litres d'essence pour 22,5 €. Pour combien de litres vais-je payer 37,5 € ?

a. ☐ 20 L
b. ☐ 25 L
c. ☐ 30 L

2 Sur une photo à l'échelle 1 500, un virus mesure 3 cm. Sa taille réelle est :

a. ☐ 0,2 mm
b. ☐ 4 500 cm
c. ☐ 0,002 cm

3 Un avion a volé sur 7 200 km en 8 heures. Sa vitesse a été de :

a. ☐ 720 km/h
b. ☐ 900 km/h
c. ☐ 576 km/h

4 Il existe :

a. ☐ des triangles qui ont un centre de symétrie.
b. ☐ des quadrilatères qui ont un centre de symétrie.
c. ☐ des quadrilatères qui ont deux centres de symétrie.

5 Si un quadrilatère a des diagonales de même longueur, alors :

a. ☐ c'est forcément un rectangle.
b. ☐ c'est forcément un carré.
c. ☐ aucune des affirmations **a.** et **b.**

6 Deux angles complémentaires sont :

a. ☐ aigus.
b. ☐ obtus.
c. ☐ droits.

7 Deux angles obtus :

a. ☐ peuvent être supplémentaires.
b. ☐ peuvent être complémentaires.
c. ☐ ne sont jamais complémentaires.

8 Deux angles supplémentaires :

a. ☐ sont obligatoirement adjacents.
b. ☐ ont pour somme 180°.
c. ☐ ont pour somme 90°.

9 Si ABCD est un parallélogramme, alors :

a. ☐ $\hat{A} = \hat{D}$
b. ☐ $\hat{D} = \hat{B}$
c. ☐ $\hat{B} = \hat{C}$

10 **L'aire d'un disque de rayon *r* est égale à :**
a. ☐ πr^2
b. ☐ $2\pi r$
c. ☐ πr

11 **Parmi les solides suivants, lequel peut représenter un cylindre ?**
a. ☐ Un chapeau de fée.
b. ☐ Un entonnoir.
c. ☐ Un camembert.

12 **Les bases d'un cylindre :**
a. ☐ sont des ellipses.
b. ☐ sont des disques.
c. ☐ peuvent être des polygones.

13 **Quelle est l'aire, en cm^2, d'un disque de 5 cm de rayon ?**
a. ☐ 25
b. ☐ 10
c. ☐ 78,5

14 **15,8 cm^2 est égal à :**
a. ☐ 1,58 dm^2
b. ☐ 0,158 dm^2
c. ☐ 158 mm^2

15 **Les diagonales d'un rectangle non carré sont :**
a. ☐ des axes de symétrie du rectangle.
b. ☐ perpendiculaires.
c. ☐ de même longueur.

16 **Un quadrilatère dont les diagonales ont la même longueur est nécessairement :**
a. ☐ un rectangle.
b. ☐ un losange.
c. ☐ aucune des réponses précédentes.

> Corrigés page XII

Résultats

Maths

→ **Entre 10 et 16 bonnes réponses :** Bravo ! Tu es prêt(e) à aborder les cours de Maths de la prochaine rentrée en toute sérénité.
→ **Entre 0 et 9 bonnes réponses :** Revois les notions sur lesquelles tu as rencontré le plus de difficultés.

Anglais

1 **Quelle est la bonne traduction de *You should buy her a present* ?**
a. ☐ Tu devrais lui acheter un cadeau.
b. ☐ Tu dois lui acheter un cadeau.
c. ☐ Tu pourrais lui acheter un cadeau.

2 **Quelle phrase est incorrecte ?**
a. ☐ He became a great writer.
b. ☐ He will become a great writer.
c. ☐ He has became a great writer.

3 **Quelle phrase est incorrecte ?**
a. ☐ I was played with Kelly all the day.
b. ☐ I will play with Kelly in two days.
c. ☐ I'm playing with Kelly tomorrow afternoon.

4 **Comment demande-t-on son âge à quelqu'un ?**
a. ☐ How many years have you got ?
b. ☐ How old are you ?
c. ☐ When were you born ?

5 **Quelle phrase est correcte ?**
a. ☐ He is black hair.
b. ☐ He have black hair
c. ☐ He has got black hair.

6 **Quel mot permet d'interroger sur le nom de quelqu'un ?**
a. ☐ who
b. ☐ when
c. ☐ what

7 **Quel est le contraire de slow ?**
a. ☐ down
b. ☐ easy
c. ☐ quick

8 **Quel est le superlatif de *intelligent* ?**

a. ☐ more intelligent than
b. ☐ the most intelligent
c. ☐ intelligentest.

9 ***He studied the footprints.* Cette phrase est au :**

a. ☐ passé
b. ☐ présent
c. ☐ futur

10 ***You can't eat in this museum.* Qu'exprime cette phrase ?**

a. ☐ Une permission.
b. ☐ Une obligation.
c. ☐ Une interdiction.

11 **Laquelle de ces phrases est au prétérit *be + -ing.***

a. ☐ He was running for Presidency.
b. ☐ He is running for Presidency.
c. ☐ He has been running for Presidency.

12 **Quelle phrase est incorrecte ?**

a. ☐ I like playing tennis.
b. ☐ They love to swim together
c. ☐ He enjoys reading.

13 **Quand on me dit *Thank you!*, je réponds :**

a. ☐ From nothing!
b. ☐ You're welcome!
c. ☐ It's OK!

14 **Quelle phrase est incorrecte ?**

a. ☐ You mustn't do that !
b. ☐ I don't need any help.
c. ☐ They don't should lough...

> *Corrigés page XII*

Résultats

Anglais

→ **Entre 9 et 14 bonnes réponses :** Bravo ! Tu es prêt(e) à aborder les cours d'Anglais de la rentrée.

→ **Entre 0 et 8 bonnes réponses :** Revois les notions sur lesquelles tu as rencontré le plus de difficultés.

Histoire-Géo. Éd. civique

1 **Dans la religion musulmane, l'Hégire est :**

a. ☐ le lieu de culte.
b. ☐ le livre sacré.
c. ☐ le début du calendrier religieux et de l'ère musulmane.

2 **Qui est le fondateur de l'ordre des Franciscains ?**

a. ☐ Bernard de Clairvaux
b. ☐ François d'Assise
c. ☐ Dominique (moine espagnol)

3 **Laquelle de ces obligations n'incombe pas au seigneur ?**

a. ☐ la protection
b. ☐ la défense en justice
c. ☐ l'aide financière

4 **Laquelle de ces obligations n'incombe pas au vassal ?**

a. ☐ le fief accordé en échange de services
b. ☐ l'aide militaire
c. ☐ le conseil

5 **Quel monument, reconstruit au XIIIe siècle grâce aux offrandes des habitants de la ville, fut le lieu du sacre des rois de France ?**

a. ☐ la cathédrale de Reims
b. ☐ la basilique de Saint-Denis
c. ☐ l'église Sainte-Foy de Conques

6 **L'humanisme est un courant d'idée qui est né :**

a. ☐ en Italie.
b. ☐ en France.
c. ☐ en Espagne.

7 Qui a signé l'édit de Nantes en 1598 ?

a. ☐ François Ier
b. ☐ Henri IV
c. ☐ Louis XIV

8 L'adoubement est :

a. ☐ la cérémonie lors de laquelle le roi devient un personnage béni de Dieu.
b. ☐ la cérémonie par laquelle le vassal s'engage à servir un seigneur.
c. ☐ la cérémonie au cours de laquelle un jeune guerrier reçoit les armes du chevalier.

9 En Chine :

a. ☐ le taux de croissance démographique annuel est désormais faible et le doublement de la population se fera au moins en 100 ans.
b. ☐ le taux de croissance démographique annuel est autour de la moyenne mondiale et la population doublera d'ici 50 à 100 ans.
c. ☐ le taux de croissance démographique annuel est très élevé et la population doublera en moins de 35 ans.

10 Laquelle de ces affirmations concernant un front pionnier en Amazonie, au Brésil, est fausse ?

a. ☐ Les fermiers brésiliens installent des plantations de soja.
b. ☐ Les fronts pionniers luttent contre la déforestation.
c. ☐ Les migrants sont à la recherche d'une vie meilleure.

11 Laquelle de ces affirmations est fausse ?

a. ☐ Les PMA sont les pays les moins avancés de la planète.
b. ☐ Les PMA sont essentiellement situés en Europe.
c. ☐ Les PMA ont un indicateur de développement humain inférieur à la moyenne mondiale.

12 En France, l'impôt sur le revenu est progressif car :

a. ☐ il est plus élevé quand le revenu annuel est plus important.
b. ☐ avec un même revenu annuel, le célibataire paiera moins qu'un couple ou qu'une famille avec enfants.
c. ☐ avec un même revenu annuel, la famille avec 2 enfants paiera plus que la famille avec 4 enfants.

> Corrigés page XII

Résultats

Histoire-Géo., Éd. civique

→ **Entre 8 et 12 bonnes réponses :** Bravo ! tu es prêt(e) à aborder les cours d'Histoire-Géographie et d'Éducation civique de la prochaine rentrée en toute sérénité.
→ **Entre 0 et 7 bonnes réponses :** Revois les notions sur lesquelles tu as rencontré le plus de difficultés.

Sciences et Techniques

SVT

1 Les muscles :

a. ☐ prélèvent dans le sang du dioxygène et rejettent du dioxyde de carbone.
b. ☐ prélèvent dans le sang du dioxyde de carbone et rejettent du dioxygène.
c. ☐ prélèvent un peu de dioxygène et un peu de dioxyde de carbone.

2 Pour avoir un cœur en bonne santé, il faut :

a. ☐ manger beaucoup pour apporter plus d'énergie au cœur.
b. ☐ manger raisonnablement et pratiquer une activité sportive.
c. ☐ peu importe, le cœur fonctionne toujours de la même façon.

3 La respiration pour les hommes et les animaux se fait :

a. ☐ par les poumons exclusivement.
b. ☐ par les poumons pour les hommes et les branchies pour les animaux aquatiques.
c. ☐ par les poumons pour les hommes et les animaux qui viennent respirer à la surface.

4 **Les fossiles sont :**

a. ☐ des sortes de sculptures faites par les hommes préhistoriques.

b. ☐ des restes d'organismes vivants qui se sont transformés.

c. ☐ des roches façonnées par l'écoulement de l'eau au cours des siècles.

Physique-Chimie

1 **Laquelle de ces propositions est vraie ?**

a. ☐ Sur Terre, l'eau existe sous les trois états : solide, liquide, gazeux.

b. ☐ Si on met une bouteille d'eau pendant 24 heures dans un congélateur qui fonctionne, on constate que le volume de glace est plus faible que le volume d'eau initial.

c. ☐ Pour faire fondre du sel dans de l'eau, il est préférable que l'eau soit la plus froide possible.

2 **Un litre d'eau pure a une masse de :**

a. ☐ 1 kg.

b. ☐ Toujours beaucoup plus d'1 kg.

c. ☐ Cela dépend de la température de l'eau.

3 **Le courant électrique circule dans un circuit :**

a. ☐ s'il y a une lampe branchée dans le circuit.

b. ☐ si le circuit est fermé et comprend un générateur, des fils conducteurs, un ou plusieurs récepteurs.

c. ☐ si tous les appareils sont bien reliés et l'interrupteur ouvert.

4 **Pour qu'un objet soit vu, il faut uniquement :**

a. ☐ qu'il émette de la lumière blanche.

b. ☐ qu'il émette une lumière visible ou qu'il réfléchisse la lumière qu'il reçoit d'une source de lumière.

c. ☐ qu'il soit dehors pour bien recevoir la lumière du Soleil.

Technologie

1 **Parmi les propriétés suivantes des matériaux, laquelle est une propriété mécanique ?**

a. ☐ La résistance à la déformation.

b. ☐ L'isolation phonique.

c. ☐ La résistance à la chaleur.

2 **Pour réduire les pertes énergétiques dans un logement, on peut :**

a. ☐ mieux l'aérer.

b. ☐ moins le chauffer.

c. ☐ mieux l'isoler.

> Corrigés page XII

Résultats

Sciences et Techniques

→ **Entre 7 et 10 bonnes réponses :** Bravo ! tu es prêt(e) à aborder les cours de Sciences et Techniques de la rentrée.

→ **Entre 0 et 6 bonnes réponses :** Revois les notions sur lesquelles tu as rencontré le plus de difficultés.

Histoire des arts

1 **Qu'est-ce qui caractérise un château du Moyen Âge ?**

a. ☐ Des fortifications, un pont-levis et un donjon.

b. ☐ Des lignes symétriques et de larges fenêtres.

c. ☐ De nombreuses ornementations et le respect des règles de la perspective.

2 **Quelle invention a favorisé les échanges d'idées en Europe à partir du XVe siècle ?**

a. ☐ La locomotive.

b. ☐ L'imprimerie.

c. ☐ Le téléphone.

3 **La tapisserie de Bayeux raconte, en images :**

a. ☐ la conquête normande de l'Angleterre en 1066.

b. ☐ la guerre de Cent Ans.

c. ☐ les croisades.

4 **La cathédrale Notre-Dame de Paris est de style :**

a. ☐ baroque.
b. ☐ roman.
c. ☐ gothique.

> *Corrigés page XII*

Résultats

Histoire des arts

→ **Entre 3 et 4 bonnes réponses :** Bravo ! tu es prêt(e) à aborder les cours d'Histoire des arts de la prochaine rentrée.
→ **Entre 0 et 2 bonnes réponses :** Revois les notions sur lesquelles tu as rencontré le plus de difficultés.

Résultat général

Additionne les résultats obtenus dans les différentes matières, sachant que chaque bonne réponse équivaut à un point.
→ **Si tu as un total compris entre 60 et 72 points :** Bravo, c'est un très bon résultat global.
→ **Entre 48 et 60 points :** C'est bien, tu peux continuer ainsi.
→ **Entre 36 et 48 points :** Ton résultat est au-dessus de la moyenne, mais tu pourrais faire mieux encore.
→ **Entre 24 et 36 points :** Fais le point sur toutes les notions nécessaires à revoir pour tenter d'améliorer ton résultat.
→ **Entre 12 et 24 points :** Tes résultats sont insuffisants dans certaines matières ; il faut encore réviser avant la rentrée.
→ **Entre 0 et 12 points :** Peut-être as-tu fait l'impasse sur un certain nombre de questions... Ne te décourage pas, mais refais le plus grand nombre d'exercices possible avant la rentrée !

Édition : Charlotte Cordonnier / **Création maquette :** Stéphanie Couderc et Yannick Le Bourg / **Réalisation :** Facompo, Lisieux / **Cartographie :** Valérie Goncalves

Crédits photographiques : photos pp. 5, 6, 11, 13, 15, 20, 21, 24, 28, 30, 34, 39, 40, 41, 44, 45, 48, 54, 58, 60 : © Fotolia.com ; p. 18, photo du rayon vert : © Novapix ; p. 21, affiche du film *20 000 lieues sous les mers* de Walt Disney : © Christophe L. ; p. 36, photo d'Usain Bolt : © G. Vandystadt/Regard du Sport ; p. 58, photo de Barack Obama : © AFP.

Achevé d'imprimer en mars 2011 par L.E.G.O. S.p.A., Lavis (TN)
Dépôt légal : avril 2010 - N° d'éditeur : 2011-454